**안식년의
비밀**

THE MYSTERY OF THE SHEMITAH
안식년의 비밀

조나단 칸 지음

박병우 옮김

역자 서문

내가 살고 있는 싱가포르 비샨 지역에는 정션8이라는 쇼핑몰이 있다. 대부분의 쇼핑몰이 그렇듯 거기에는 온갖 점포들이 다 들어와 있다. 식당에서부터 화장품 가게까지, 규모는 그리 크지 않지만 없는 게 없을 정도다. 그중 내가 자주 들르는 곳은 서점 두 곳이다. 한곳은 중학생 아들과 초등학생 딸을 위해 들르는 서점이고, 다른 한곳은 기독교서점이다. 조나단 칸을 일약 유명인으로 만든 책 《징조》Harbinger를 처음 만난 곳이 바로 이 기독교서점이다.

뉴욕타임스 베스트셀러라는 소개와 함께 다소 요란해 보이는 표지가 눈길을 끌었다. 수년 전의 일이라 기억은 희미하지만, 당시 잡지 한 권과 함께 그 책을 구입했던 것 같다. 마침 시간적 여유가 있던 터라, 바로 책을 읽기 시작했다. 그런데 지금껏 그렇게 짧은 시간에 원서를 다 읽은

적은 그때가 처음이었던 것 같다. 책을 다 읽은 후 얼마간은 식구들과 지인들에게 책을 읽은 소감을 나누는 일이 주요 일과가 되었다.

사실 소설 형식의 구성이 다소 엉성하긴 했다. 하지만, 미국의 9/11 테러와 이스라엘의 멸망 징후를 연관시켜 차근차근 예언적 의미를 찾아가는 시도는 미국의 역사가 9/11 이전과 이후로 나뉘는 점을 감안할 때 매우 시의적절하고, 신선하면서 흥미로웠다. 아니, 책장을 덮을 때쯤엔 가벼운 형식에 비해 결코 가볍지 않게 들어찬 '사실'로 인해 오싹한 느낌마저 들 정도였다.

그렇게 저자가 강렬하게 시야에 들어올 즈음 다시 만난 것이 이 책 《안식년의 비밀》이다. 전작보다는 확실히 전문적인 내용을 보며 꼭 번역되어 한국의 독자들에게도 소개되었으면 좋겠다고 생각했고, 기회가 된다면 직접 번역해 보고 싶은 마음도 있었다. 우연인지 필연인지, 출판사에서 연락이 와서 번역을 맡게 되었다.

역자로서 보통 번역 뒤에는 후기 정도 남기는 것이 책에 대한 최선인데, 이 책은 그 이상을 요하는 면이 없지 않다. 단순히 저자가 가진 경제나 금융 혹은 주식시장과 관련된 전문적 식견 때문만은 아니다. 물론 현대 주식시장의 폭락과 붕괴가 미국을 위시한 세계사나 안식년 주기와 연동되어 논의되는 지점에 이르면, 누구든 정신을 가다듬지 않을 수 없는 것은 사실이다.

하지만 단언컨대, 다소 복잡하고 어려워 보이는 본서의 구도는 생각보다 복잡하거나 어렵지만은 않다. 간략히 말하자면, 본서의 1부와 2부는 서론격으로 전작《징조》를 요약하며, 이스라엘에 대한 하나님의 심판에 비견되는 일들이 오늘날 미국에서 일어나고 있음을 환기한다. 즉, 저자는 미국에서 진행 중인 신비한 일들의 기원으로 3천 년 전 이스라엘 토라에 계시된 안식년을 꼽고, 그 출전과 의미를 밝힌다.

그리고 3부와 4부를 통해 고대 이스라엘의 안식년과 지난 시기 미국 경제계와 금융계에서 벌어진 등락의 일치를 정밀하게 입증한다. 즉, 안식년이 어떻게 미국의 경제계와 금융계에 하나님의 심판으로 찾아왔는지 도표를 통해 꼼꼼하게 보여 준다.

이어서 5부와 6부에서는 앞부분의 경제계 및 금융계 분석과는 약간 어조를 달리하여 타워를 힘의 상징으로 보며 타워의 역사를 일별하는 동시에, 세계무역센터의 붕괴를 미국 쇠락의 결정적인 예언적 징후로 설명한다. 또 20세기 세계사를 안식년 주기와 관련해 조망하며, 미국이 어떻게 본격적인 쇠락에 들어선 것인지를 기술한다.

7부는 본서의 결론으로서 저술 목적을 밝힌다. 즉, 지금껏 그려 온 하나님의 심판으로서의 안식년이 예수 그리스도의 재림을 통해 최종적으로 임할 것이라고 하면서 미국과 본서를 읽는 독자들을 향해 회개를 촉구한다.

마지막으로, 에필로그 두 편은 일식 및 월식과 관련되어 다가오는 다음 안식년, 현대 이스라엘의 회복과 관련된 다음 안식년이 2015년임을 밝힌다. 그와 함께 이 기간에 이전 안식년 기간에 일어났던 월 스트리트의 붕괴나 9/11 테러 등에 준하거나 능가하는 하나님의 심판이 미국에

닥칠 수 있음을 예고한다.

저자는 제법 꼼꼼하고 논리적이고 유려한 방식으로 안식년 주기와 월 스트리트의 폭락 날짜 및 시간의 일치를 보여 준다. 심지어 9/11의 타이밍과 미국의 글로벌 초강대국으로서의 대두와 몰락, 현대 주식시장의 상승과 몰락, 세계대전이나 열강 그리고 제국의 충돌 배후에 안식년이라는 고대 이스라엘의 토라가 신비한 방식으로 자리하는 것도 보여 준다.

저자는 미국을 위시한 전 세계 경제계와 금융계, 나아가 세계사 배후에 명백히 보이지 않는 손, 곧 안식년의 하나님이 개입하고 계심을 강조한다. 나는 하나님에 대한 신앙이 개인주의 내지 심리주의, 도덕주의에 매몰된 것처럼 보이는 오늘날 하나님의 주권이 전 세계적이라는 것을 이처럼 특이하고 분명하게 보여 주는 저술도 드물 것이라고 생각한다.

고대 이스라엘 절기의 근간을 이루는 안식일, 안식년, 희년이 사실상 인간의 생사화복에 관련된 하나님의 주권과 그 주권에 대한 인간의 전적 의존을 요구한다는 점을 곰곰이 생각해 보면, 과연 온 세상의 주인이 누구인지, 우리는 그 주인 앞에 어떻게 서야 하는지를 탁월하게 제시한 책이라 단언할 수 있다. 이와 같은 점 때문에, 본서의 가장 큰 흠으로 여겨질 만한 부분도 사실 큰 문제가 되지 않을 수 있다.

저자가 본서를 저술한 시점에서 다음 안식년으로 거론한 때는 2015년이었다. 하지만 한국의 독자들이 이 책을 읽는 시점은 2017년 이후이므로, 우리는 월 스트리트의 대규모 붕괴 혹은 9/11에 버금가거나 능가하는 테러에 대한 심판 예측을 정확하게 판단할 수 있는 입장에 있는 것이다. 결론적으로 저자의 예측은 빗나갔다. 예측에 준하는 일들은 일어나지 않았다. 그럼에도, 그래서 이 책에 쏟아질 수 있는 비난은 저자가 그려 낸 온 세상의 주로서의 하나님의 면모와 신비로움을 결코 상쇄할 수 없다. 또한 저자가 미국과 본서의 독자들을 참된 회개로 이끌기 위해 애쓴 진심도 결코 가벼이 여길 수 없다.

이 책은 결코 사회과학적 방식으로 구현된 미래 예측서가 아닌, 구약의 선지자들과 같은 심정으로 발한 회개에의 촉구다. 에필로그 말미에 붙인 "다른 신비들과 주기들처럼 … 반복될 필요는 없다. 하지만 알아두면 좋을 일이다"라는 언급은, 독자가 어떤 방식으로 본서에 접근해야 하는지를 보여 준다. 즉, 독서법을 지시하는 일종의 가이드라인인 셈이다.

예측은 결정론적 방식으로 단정되어 있지 않다. 본서는 귀 있는 자들이 듣고 구원 받는 것을 목적으로 할 뿐, 결코 하나님의 결정론적 심판에 대한 선전포고가 아니다. 그러므로 본서를 세대주의적 역사 이해와 관련시키거나 불건전한 시한부종말론의 아류 정도로 여기는 것은 본서의 저술 방식이나 목적과는 무관하다고 확실하게 말할 수 있다.

마지막으로 덧붙이자면, 본래 사도적 복음은 우리 주 예수 그리스도 안에서 유대인과 이방인이 한 새 사람One New Man으로서 하나님의 새 언약 백성이 되는 것을 말한다. 그러나 2000년 교회사가 이방인 그리스도인 중심으로 진행되어 오는 동안, 이 사도적 복음의 진리가 실질적인 차원에서는 제 기능을 하지 못했다.

역사상 이스라엘이 독립한 1948년 이후 성경 시대의 땅으로 돌아간

유대인들이 예수님을 메시아로 영접하면서 선언적 차원이 아닌 실질적 차원에서 새 언약 백성 곧 교회의 본원적 모습을 회복할 수 있는 발판이 마련되었다. 아버지로부터 하늘과 땅의 모든 권세를 받으신 예수 그리스도, 그리고 그분의 전권을 위임 받아 만물을 다스리도록 부름 받은 교회는 오늘날 성경 시대의 그 땅으로 돌아온 유대인 그리스도인 덕에 성경의 진리를 더욱 풍성하게 경험하고 있다. 이들 덕에 이방인 그리스도인 중심의 2000년 교회사에 화학적 변화에 준하는 변화가 시작된 것이다.

오늘날 유대인 그리스도인들의 탁월한 저작들이 쏟아져 나오고 있고, 한국 교계에도 심심찮게 소개되고 있는 것은 한 새 사람으로서의 교회 본질에 부합하는 것으로 환영 받아 마땅한 일이다. 본서도 랍비 출신 유대인 그리스도인의 저술이고, 그것이 이스라엘과 근원적으로 같은 운명을 지닌 미국 전체를 향해 회개를 촉구하는 도전적인 책이라는 점에서 의미가 적지 않다. 이런 방식의 교제는 신약 교회에 대한 기본 관념을 모범적으로 구현한 것으로 볼 수 있다.

본서의 역자로서 모쪼록 이 책이 성경해석이나 역사해석과 관련해서 유대인 그리스도인과 이방인 그리스도인의 건강한 논의의 장이 되기를 바란다. 예수님을 메시아로 인정한 현대 유대인들의 성경해석과 역사해석 방식이 어떻게 죽음과 부활로서 토라를 온전히 성취하신 예수 그리스도와 만날 수 있는지 경청할 필요가 있다.

제한된 주제 탓에 완벽할 수는 없었겠지만, 본서가 그 일단을 보인 것에 감사하고, 그런 까닭에 번역하는 동안 저자로부터 많은 것을 배웠다.

좋은 책을 번역할 수 있는 기회를 주신 출판사에 감사드리고, 언제든 서로를 변함없이 지지하고 중보해 주는 모든 믿음의 식구들에게도 감사의 인사를 전한다.

싱가포르 비샨에서
역자 **박병우**

THE MYSTERY OF THE SHEMITAH

역자 서문 _4

1부 비밀의 기원
01 3천 년 된 비밀 _16 | 02 이사야 열쇠 _21
03 9가지 징조의 비밀 _25

2부 안식년의 비밀과 5개의 열쇠
04 첫째 열쇠 – 일곱째 해 _42 | 05 둘째 열쇠 – 주전 586년과 심판의 표적 _52
06 셋째 열쇠 – 예언적 선언 _63 | 07 넷째 열쇠 – 신비한 이스라엘 _76
08 다섯째 열쇠 – 티슈리 월과의 연결고리 _86

3부 안식년의 비밀과 대격변의 열쇠
09 비밀의 흔적 _96 | 10 7건의 폭락 _101
11 7년 주기 _110 | 12 대격변의 비밀 _131

4부 안식년의 비밀과 징조의 날
13 9/11 안식년 _148 | 14 안식년과 경기대침체 _158 | 15 7의 비밀 _169

5부 안식년과 타워의 신비

16 첫 번째 타워 _178 | 17 네 개의 타워 _185
18 힘의 상징 _192 | 19 타워의 신비 _198

6부 안식년과 제국의 흥망성쇠

20 번영 _214 | 21 통치 _224 | 22 몰락 _233

7부 안식년과 앞으로의 일들

23 마지막 타워 _244 | 24 앞으로의 일들 _255 | 25 마지막 안식년 _278

에필로그 - 검은 해와 일곱째 안식년

01 마지막 메모 – 검은 해와 붉은 달 _290
02 마지막 비밀 – 일곱째 안식년 _296

각주 _310

THE MYSTERY OF THE SHEMITAH

안식년의 비밀은 바벨의 건축과 함께 시작되어 그라운드 제로의 폐허로 확장되는 타워의 신비까지 아우른다.

안식년의 비밀은 거대하고 국제적인 차원에서 작동할 뿐만 아니라 재무회계를 변경하며, 개인의 재정 안정 또는 결핍을 결정하고, 삶의 방향을 변경하는 등 가장 작은 단위에서도 작동한다.

1부
비밀의 기원

01
3천 년 된 비밀

이런 일들이 가능할까?

- 뉴욕 증권거래소의 폭락, 미국과 세계경제의 몰락, 9/11 테러, 국가의 흥망성쇠 그리고 장차 일어날 일들의 배후에 3천 년 된 비밀이 연관될 수 있을까?
- 고대 문헌의 내용들이 금융계, 실업계, 경제계의 미래를 결정하고 통제할 수 있을까?
- 이름 없는 중동의 한 나라에 주어진 규례가 여전히 세상 모든 나라의 미래를 결정할 수 있을까?
- 오래전 목축과 농업의 나라에 주어진 영적 원리가 사실상 세계 모든 주식시장

의 폭등과 폭락의 배후일 수 있을까?
- 3천 년 전, 사막의 한 산에서 시작된 신비가 정확한 시간 곧 현대의 가장 중요한 일부 사건들의 날짜와 시간을 정확하게 보여 줄 수 있을까?
- 그리고 이 비밀이 이 글을 읽고 있는 모든 이들과 세상에 살고 있는 모든 이들의 미래를 좌우할 수 있을까?

이것이 할리우드 판타지영화나 공상과학소설에서나 나올 법한 이야기로 들릴 수도 있을 것이다. 하지만 이것은 분명 사실일 뿐 아니라 그 어떤 현상보다도 실제적이다.

이 책의 내용들은 기록의 형태로는 이전에 한 번도 알려진 적이 없다. 대다수의 사람들이 '슈미타'라는 단어를 들어본 일도 없고, 그것을 둘러싼 비밀에 대해서는 더 말할 나위가 없다. 하지만 사람들의 삶이 바로 이 슈미타 곧 안식년에 치명적으로 영향을 받고 있고, 그로 인해 변경되고 결정되었다.

모든 일들은 수염이 덥수룩한 노인이 계시를 기다리며 서 있는 사막의 한 산꼭대기에서 시작된다. 그에게 계시가 임한다. 그리고 노인이 산에서 내려온 후, 계시는 광야에서 이루어지는 일련의 초자연적 만남을 통해 지속된다. 안식년 비밀의 시작도 그 계시 안에 있다.

한 선지자가 거룩한 성 곧 그 나라의 영화가 섰던 땅 위를 울며 거니는 동안, 그 계시는 계속해서 펼쳐진다. 이제 그 성은 폐허가 되었다. 그 성이 멸망한 이유, 재앙의 시간, 그리고 심판의 본질이 모두 안식년과 그것을 둘러싼 비밀 안에 들어 있다.

이 비밀은 고대를 넘어 세기와 세대를 지나 현대에 이르기까지 계속 펼쳐진다.

거기에는 미국의 강대국으로의 대두, 월 스트리트와 전 세계 주식시장의 폭락, 유럽을 가로질러 베를린으로 진군하는 연합군, 전후의 국제질서, 9/11 테러, 대공황, 그리고 그 이상의 것들이 포함된다.

안식년의 비밀은 바벨의 건축과 함께 시작되어 그라운드 제로의 폐허로 확장되는 타워의 신비까지 아우른다.

안식년의 비밀은 거대하고 국제적인 차원뿐만 아니라 재무회계를 변경하며, 개인의 재정적 안정 또는 결핍을 결정하고, 삶의 방향을 변경하는 등 가장 작은 단위에서도 작동한다.

경제계의 금융 분석가들은 최근 세계경제 및 금융계의 폭락을 지켜보며 할 말을 잃었다. 하지만 우리는 이런 진기한 현상의 배후에 현대 전문가 집단의 견해가 아닌 고대의 문서가 관련되어 있음을 볼 것이다.

그 신비는 나의 책 《징조: 미국의 미래에 대한 비밀을 간직하고 있는 고대의 신비》The Harbinger: The Ancient Mystery That Hold the Secret of America's Future에 잘 설명되어 있다.

나는 지금 그 책이나 그 책에 담긴 계시들에 대해 생색내려는 것은 아니다. 사실 나는 그 책을 쓰려고도, 또 그와 관련된 어떤 메시지나 계시를 제시할 생각도 없었다. 그 책은 특별한 의도로 시작된 것이 아니라 기본적으로 그냥 쓰여졌다. 《징조》에는 14개의 주요 계시와 비밀이 들어 있는데, 그중 하나가 안식년에 대한 것이다.

이 책이 시판되자마자 미국 및 세계의 미래에 관한 질문들이 쇄도했다. 특히 고대의 안식년과 현대 사건들의 연관성을 보여 주는 17장은 수다한 억측을 야기했다. 새로운 안식년이 다가옴에 따라 억측의 양도 기하급수적으로 증가했다. 이로 인해 《징조》를 출간한 프론트라인출판사는 안식년의 비밀을 풀어 줄 책의 필요성을 진지하게 고민하며 나를 찾아왔다.

《징조》의 메시지나 경고가 시의성을 잃어버리는 것을 원하지 않았기 때문에 나는 매우 조심스러울 수밖에 없었다. 《징조》의 궁극적 소명은 단순히 미래를 예단하거나 날짜를 맞추는 것이 아니라 회개를 촉구하는 것이다.

《징조》의 비밀들은 모두 미국과 세계에 재앙의 도래를 지적한다. 하지만 그 재앙이 모두 우리가 일어나리라고 생각하는 그 시간을 꼭 따를 필요는 없다. 《징조》에서 경고한 심판과 재앙은 정한 날짜나 시간이라는 변수에 의존하지 않는다. 물론 국가적 차원의 변화가 동반되지 않으면, 그 일은 일어날 것이다. 그런데 여기서 가장 중요한 점은 그것이 언제 임하든 하나님이 그것을 직접 준비하신다는 사실이다.

안식년의 비밀은 《징조》에서 한 장에 걸쳐 설명한 것보다 훨씬 더 많은 것을 담고 있기 때문에, 그것을 다 다루기 위해서는 새로운 책이 필요했다. 바로 이것이 이 책을 쓰게 된 이유다. 이전에 드러나지 않던 것들이 이제 드러날 것이다. 사실상 《징조》에서처럼 향후 드러나게 될 대부분의 비밀은 이제껏 한 번도 알려진 적 없는 것들이다.

이제 옛 비밀의 조각들을 발견하기 위한 탐험을 시작할 것이다. 우리는 신비가 드러날 때까지 그 조각들을 한데 모을 것이며, 그 과정에서 다음의 질문들에 답할 것이다.

- 극히 중요한 현대의 사건 배후에서 고대의 현상이 작용할 수 있을까?
- 그 현상이 월 스트리트와 세계경제의 일부, 극히 극적이고 기념비적 붕괴의 배후에서 작용할 수 있을까?
- 그 현상이 가장 엄청난 현대 사건들의 배후에서 영향을 끼칠 수 있을까?
- 고대의 현상이 현대세계의 사건들을 결정할 뿐 아니라 그 시기와 정확한 날짜, 시간, 심지어 분까지 정할 수 있을까?
- 그 현상이 사실상 우리의 삶과 우리가 알고 있는 모든 이들의 삶에 영향을 미칠 수 있을까?
- 이 고대의 비밀이 미래에 올 것들의 핵심과 연결되어 있는가?
- 다가올 일들에 관해 우리에게 경고하고 있는 징후나 징조들이 있는가?
- 과연 미국의 시대는 앞으로도 지속될 것인가? 아니면 우리가 마지막 증인이 될 것인가?
- 미국은 임박한 재앙, 붕괴, 심지어 심판의 위험에 봉착해 있는가?
- 세계의 미래는 어떻게 될 것인가?

이제 연구를 시작해 보자.

02
이사야 열쇠

경고

하나님께서 고대인들과 그들의 나라에 경고하신 것처럼 현대세계의 사람들과 나라에도 경고하실 수 있을까?

이것과 관련하여 성경은 분명한 패턴을 보여 준다. 그 패턴이란 하나님께서 심판하시기 전에 반드시 경고하신다는 것이다. 고대 이스라엘 시대에 하나님은 다양한 수단 곧 환상, 꿈, 음성, 예언적 선포, 표적, 기록된 글, 예언적 행동, 초자연적 현상, 자연적 사건 등을 통해 임박한 국가적 심판을 경고하셨다.

성경은 하나님을 변하지 않으시는 분으로 언급한다. 그분은 어제나 오늘이나 영원토록 동일하시다. 그러므로 하나님이 현대세계에도 예언적 경고를 하실 수 있을 뿐 아니라, 심판과 관련해서도 경고하시리라 판단할 수 있다. 따라서 임박한 재앙이나 멸망의 위험에 처한 나라의 경우, 경고가 먼저 주어지며, 성경시대에 주어진 것들과 일맥상통하는 방식으로 작동할 것이라 예상할 수 있다.

타워들의 시대

《징조》는 현대에 나타나고 있는 성경의 비밀을 밝혀내는 책이다. 그것은 다가오는 재앙에 대한 경고의 메시지다. 그 일은 언제, 어떻게 일어날까?

이는 2001년 9월 11일 오전에 시작되었다. 10년 전 나는 하나의 메시지를 받았는데, 그 메시지는 국가적 심판이 뉴욕에서 시작된다는 것이었다. 나는 뉴욕에서 얼마 떨어지지 않은 '세계의 소망' Hope of the World과 '예루살렘센터' Jerusalem Center에서 그 메시지를 나누었다. 두 곳은 내가 이끌던 사역단체로 모두 북부 뉴저지에 자리하고 있었다.

9월 11일 저녁, 허드슨 강 건너를 바라보던 중 빽빽한 연기 구름이 폐허가 된 땅과 남부 맨해튼 일대를 뒤덮고 있는 것을 보았다. 얼마 후, 나는 국가적 재앙에 관해 기도하며 이사야 9장과 10장을 펼쳤다.

그 두 장에는 《징조》의 계시가 시작된 구절들이 있었다. 당시에는 눈에 띄는 구절이 없었다. 하지만 더 큰 문맥에 집중하고 보니, 그 구절들은 국가적 심판에 대한 첫 번째 경고성 타격, 즉 한 나라의 영토에 테러 형태의 경고성 타격이 가해지는 것과 관련된 본문이었다.

이사야 열쇠

전환점으로 판명된 사건이 얼마 후 그라운드 제로 Ground Zero (폭발이 있었던 지표의 지점) 구석에서 일어났다. 나는 타워가 무너진 자리 근처의 한 평 남짓한 곳에 발을 딛고 섰다. 그러다가 한 사물에 온 신경이 쏠려 그만 얼어붙고 말았다. 그것은 바로 재앙의 힘에 쓰러진 나무 한 그루였다. 나는 "여기에 비밀이 있다. 네가 그것을 밝혀야 한다"고 말하는 내면의 음성을 들었다. 그때부터 내 신경을 곤두서게 한 그 비밀을 조사하기 시작했다.

나는 즉시 9/11 후에 펼쳐 본 적 있는 이사야 9장과 10장을 다시 보았다. 이번에 내 주의를 끈 것은 이사야의 예언 중 특정한 한 구절이었는데, 그 구절이 《징조》로 알려진 계시들의 문을 열어 주었다. 그것은 경고와 심판의 9가지 표적에 대한 것이었다. 그 쓰러진 나무는 계속해서 커지고 있던 고대 신비의 첫 번째 퍼즐 조각이었다.

나아가기

그때부터 계속해서《징조》의 메시지는 그 자체가 살아 있는 것 같았다. 그 이야기가 책이 되어 알려지게 된 방식부터 사람의 계획과 상관없이 진행되어 설명이 불가능한 지점을 넘어서면서 몇몇 기묘한 사건들과 연루되었다.

《징조》는 지금까지 수백 만 명이 읽고, 보고, 들었으며 심지어 정부 최고위층까지 관심을 갖게 되었다. 국회의원들과 대통령 후보들조차 의회에서 언급할 정도였다. 탄생 순간부터 지금까지 그 책은 또 다른 흔적을 남겨 왔다.

안식년의 비밀을 풀어 내기 위해, 먼저 안식년의 비밀이 출발한 징조의 신비를 간단하게나마 살펴봐야 한다. 정확하게 징조의 신비라는 것은 무엇인가? 우리 시대에 나타난 9가지 징조는 무엇인가? 그것은 우리의 미래와 관련하여 어떤 비밀을 품고 있는가?

이제 이것에 대해 살펴보자.

03
9가지 징조의 비밀

징조

《징조》는 미국과 현대세계에 일어났고 지금도 계속되고 있는 고대의 신비에 대한 계시다. 그것은 9/11로부터 월 스트리트와 세계경제 붕괴의 배후에 존재하고 있다. 그것은 수천 년에 걸친 신비로, 고대 문헌 속에 세계 지도자들이 스스로 인지하지 못한 채 발언한 내용들을 정해 놓았다. 그 문헌은 3천여 년 전에 가장 최근에 발생한 일부 기념비적 사건의 시간과 날짜를 매우 자세하게 정해 놓았다.

퍼즐 조각들

9가지 표적들은 하나씩 모습을 드러냈다. 비밀을 풀어내는 과정이 교착에 빠진 것처럼 보일 때마다 다음 것이 나타나곤 했다. 마치 누군가가 퍼즐의 다음 열쇠가 될 것들을 말해 주는 형태로 표적들이 나타났다.

이것은 종종 내면의 감지로 드러나 그것을 조사하면 결국 진실한 것으로 입증되곤 했다. 어떤 때는 파란 컴퓨터 스크린에 뭔가 나타나는 아주 우연한 방식으로 오곤 했는데, 거기에 내가 찾던 열쇠가 들어 있거나 찾지도 않던 새로운 것이 있기도 했다.

징조의 창세기

나는 우리 교회 금요예배에서 《징조》의 계시를 처음으로 나누었다. 그 계시를 들은 성도들은 경악을 금치 못했다. 성도들 가운데 그것이 나라를 향해 전해야 할 메시지라는 즉각적 공감대가 형성되었다. 하지만 나는 그 계시에 대해 쓰기까지 2년이 지나도록 아무런 행동도 취하지 않았다.

2005년에 중요한 계시를 나누는 자리에서 공개적으로 월 스트리트의 붕괴가 다가오고 있음을 시사했다. 그리고 2008년 9월에 책을 쓰던 중 월 스트리트가 무너졌다. 그 붕괴는 경기대침체로 이어졌고, 나아가 고대의 신비와 계시가 새롭게 흘러갈 수 있게 해 주었다. 그 일은 안식년의 비밀이 열어젖힌 흐름 속에 있었다.

나는 《징조》를 쓰면서 모두가 쉽게 이해할 수 있는 방식으로 안식년의 비밀과 계시를 보여 주고자 했다. 성경은 주로 비유, 풍유, 이야기, 상징, 이미지를 사용해서 영적·예언적 진리를 전달하는데, 나도 그렇게 하고 싶어서 이야기 형식을 빌어 계시를 풀어냈다.

선지자와 9개의 인장

《징조》에는 선지자로 알려진 신비한 인물과 누리엘이라는 작가이자 저널리스트가 등장한다. 누리엘은 신비한 선물을 받는데, 그것은 진흙으로 만든 고대의 인장이다. 낯선 글자가 새겨진 인장은 선지자가 그 의미를 누리엘에게 보여 줄 때까지 계속 비밀로 남아 있었다.

그들은 허드슨 강이 내려다보이는 공원 벤치에서 우연히 만나게 된다. 그때부터 지속적으로 만나면서 선지자는 누리엘에게 9개의 인장을 주는데, 각각에는 누리엘이 반드시 풀어야 할 비밀이 하나씩 포함되어 있다. 각각의 비밀은 지금 미국 땅에 나타나고 있는 경고 및 심판의 징조와 관련된다.

이야기를 풀어내는 것은 시간문제였다. 책을 쓰려고 마음을 먹자 선지자의 음성을 포함한 모든 계시와 말씀이 마치 들불이 번지듯 급속도로 풀어졌다. 씨름하거나 노력하지 않아도 글자가 지면 위로 쏟아졌다. 《징조》는 마치 저절로 쓰여지듯 비교적 짧은 시간에 완성되었다.

《징조》에 들어 있는 신비들은 금융계, 경제계, 정치계, 문화계, 그리고 지금 이 글을 읽고 있는 모든 이들의 삶과 미래에 관여하고 있다.

그 신비는 고대 북이스라엘 왕국 말기에 시작되었다. 당시 그 땅에 국가적 심판과 파멸에 대한 9가지 징조와 예언적 표적, 경고가 있었다. 가던 길을 돌이키든지 아니면 멸망하든지, 선택할 수 있는 은혜의 시간이 그 나라에 주어진다. 그러나 백성과 방백의 반응은 회개가 아닌 저항이었다. 그들은 계속해서 도덕적·영적 배도의 길을 걸었다. 그 나라가 지상에서 사라지는 것은 시간문제였다.

소름 끼치고 경악을 금치 못할 놀라운 사실은 이와 같은 9가지 심판의 징조가 현재 미국에서 재현되고 있다는 것이다. 일부는 뉴욕에서 그리고 워싱턴 DC에서 나타났다. 일부는 물건의 형태로, 일부는 사건으로 나타났다. 일부는 기념식에서, 일부는 미국의 지도자들 심지어 대통령에게서 나타났다. 그것들은 특정성, 세밀성, 일관성을 띠고 발생했으며, 사람들의 의식적인 노력이나 행동과 상관없이 일어났다. 한때 고대 국가에 심판을 경고하며 나타난 징조들이 지금 미국과 세계에 동일하게 나타나며 경고하고 있다.

9가지 심판의 징조

고대 북이스라엘 왕국이 멸망하기 수년 전에 나타난 9가지 심판의 징조는 무엇인가? 지면 관계상 이 징조의 신비들을 본격적으로 탐구할 수는 없겠지만, 간략하게나마 소개할 수는 있다.

첫 번째 징조– 구멍

구멍의 표적) 한 나라에 심판이 임하기 수년 전에 경고 곧 국가적 격동이 온다. 그 경고는 공격이라는 형태로 나타나는데, 그 나라의 보호막 및 안전에 구멍이 생긴다. 이러한 공격은 잠정적이고 제한된 형태로 일어나지만, 그것은 국가에 대한 경고, 국가의 미래와 관련해서 심판을 알리는 경고로 기능한다.

고대의 모습) 이 징조는 주전 732년 고대 이스라엘에서 나타났다. 당시 적의 공격으로 그 나라의 보호막에 구멍이 생겼다. 공격은 잠정적이고 제한적이었으며, 하나님의 음성 외에는 다른 것이 무용한 백성, 즉 귀머거리 된 백성을 깨우기 위한 경고였다.

재현) 이와 같은 일이 2001년 9월 11일에 미국에서 나타났다. 적의 공격으로 국가의 보호막에 구멍이 생긴 것이다. 그 공격은 잠정적이고 제한적이었으며, 하나님의 음성 외에 다른 것이 무용한 백성, 즉 귀머거리 된 백성을 깨우기 위한 경고이자 9가지 심판의 징조 중 첫 번째 것이었다.

9/11 이후 미국은 묘하게도 고대 이스라엘의 말기 양상을 똑같이 재현하기 시작했다. 동일한 물건, 동일한 행동, 동일한 사건, 동일한 언급들이 뒤를 이어 나타나면서 심판 당하기 직전의 이스라엘과 똑같은 모습을 보였다.

두 번째 징조 – 테러리스트

테러리스트의 표적) 심판을 개시하는 일격, 즉 한 나라의 보호막에 구멍을 내는 것은 군사적 행동이 아니라 테러리즘 행위다. 이는 자신들의 목적을 이루기 위해 테러를 일으키는 이들에 의해 주도적으로 수행된다.

고대의 모습) 이 징조는 앗수르인들이 공격을 주도하면서 나타났다. 이들은 정치적 목적을 달성하기 위해 전략적으로 테러를 일으킨 세계 최초의 테러리스트로, 모든 테러리스트의 조상이다.

재현) 이와 비슷한 공격이 고대 앗수르인들 곧 현대적으로 그들의 영적 후손에 대응하는 인물들에 의해 미국 땅에서 나타났다. 그들은 고대 이스라엘을 공격했던 앗수르인들의 언어를 사용하며 공격했다. 9/11로 인해 미군은 고대 앗수르 땅에서 싸웠다.

완악한 맹세

이사야 선지자는 주전 732년 후 이스라엘 백성의 맹세를 이렇게 기록했다. "벽돌이 무너졌으나 우리는 다듬은 돌로 쌓고 뽕나무들이 찍혔으나 우리는 백향목으로 그것을 대신하리라"[1](사 9:10). 이것은 완악하게도 다음과 같이 맹세하고 있는 것이다. "당신은 우리를 비천하게 만들지 못할 것이다. 우리는 회개하지 않을 것이며, 돌아가지 않을 것이다. 그러기는커녕 우리는 계속해서 당신의 길을 떠날 것이다. 우리는 재건하고 다시 심을 것이다. 스스로의 힘과 자원으로 당신을 거스르며, 이전보다 더 강성해질 것이다."

이처럼 교만이 회개를 대신하고, 오만이 겸손을 대신했다. 9가지 징조와 관련하여 핵심이 된 이 맹세는 국가적 멸망의 과정을 고착시켰다.

세 번째 징조 – 무너진 벽돌

"벽돌이 무너졌으나…"

무너진 벽돌의 표적) 경고와 심판의 첫 양상은 파괴되고 무너진 건물의 이미지로 나타난다. 건물 잔해는 가장 명백한 재앙의 표시이자 이미지가 된다.

고대의 모습) 주전 732년에 벌어진 일과 관련해 가장 분명한 표적은 앗수르인들이 파괴한 건물 잔해였다.

재현) 9/11과 관련해 가장 분명한 표적은 무너진 타워와 건물 잔해였다.

네 번째 징조 – 타워

"하지만 우리가 쌓겠다."

타워의 표적) 심판 중에 있는 나라는 멸망의 나락으로 떨어진 상황에서 무너진 건물들을 이전보다 더 높고 튼튼하게 올리기로 맹세한다. 이러한 시도는 오만한 나라의 재기를 상징한다. 가장 오래된 성경 역본에 따르면, 그것은 올라가는 타워 모양이다.

고대의 모습) 앗수르인들의 공격 후, 이스라엘 백성은 무너진 건물들을 쌓되 이전보다 더 크고 튼튼하게 올리겠다고 맹세했다. 그리고 잔해 위로 성벽, 주거지, 타워가 올라갔다.

재현) 9/11 이후, 미국은 폐허를 재건하기 위해 캠페인에 착수했다. 그리고 폐허가 된 터에서 타워가 올라가기 시작했다. 완성된 건물은 아마도 이전에 미국 땅에 세워진 어떤 것보다도 오만한 물건이 될 것이다.

다섯 번째 징조 – 다듬은 돌

"우리가 다듬은 돌로 쌓겠다."

다듬은 돌의 표적) 공격 후 백성은 바위산에서 네모반듯한 거대한 돌을 떠서 폐허가 된 터로 옮겨 와 벽돌이 무너진 자리에 둔다. 이 돌은 오만한 맹세를 최초로 구현한다.

고대의 모습) 이스라엘 백성은 무너진 진흙 벽돌이 아닌 '다듬은 돌'로 다시 쌓겠다고 맹세했다. '다듬은 돌'에 해당하는 히브리어 '가지트'gazit 는 바위산에서 떠온 네모반듯하고 거대한 돌을 말한다. 그들은 바위산 암반에서 거대한 돌을 떠내어 폐허가 된 터로 가져왔는데, 그곳은 그들이 재건을 맹세하며 이전보다 더 튼튼하게 만들 것이라고 천명한 곳이 었다.

재현) 2004년 7월 4일, 다섯 번째 징조가 미국 땅에서 재현되었다. 뉴욕의 산에서 떠낸 다듬은 돌이 뉴욕시로 옮겨져서 그라운드 제로 바닥에 깔렸다. 그리고 그 다듬은 돌을 둘러싸고 미국의 지도자들이 기념식을 열어 국가적으로 오만한 맹세를 공표했다.

여섯 번째 징조 – 뽕나무

"뽕나무들이 찍혔으나…"

뽕나무들의 표적) 공격은 건물의 붕괴뿐 아니라 나무가 찍히는 일도 동반한다. 그것은 특정한 종류의 나무 곧 국가적 심판을 뜻하는 표적인 뽕나무들이다.

고대의 모습) 공격 중 고대 이스라엘의 뽕나무들이 찍히면서 이 징조가 나타났다.

재현) 9월 11일, 여섯 번째 징조는 무너지던 타워가 그라운드 제로 구석에 있던 나무 곧 국가적 심판을 뜻하는 고대의 표적인 뽕나무를 찍으면서 나타났다.

일곱 번째 징조 – 백향목

"하지만 우리는 그 자리에 백향목을 심겠다."

백향목의 표적) 재앙 후 사람들은 뽕나무가 찍혀 나간 바로 그 자리에 다른 나무를 심자고 결의한다. 두 번째 나무는 뽕나무보다 더 튼튼한 나무다. '백향목'으로 번역된 영어 '세다르'cedar는 히브리어로 '에레츠erez 나무'를 뜻한다. 이는 침엽수, 상록수, 소나무처럼 재기할 수 있을 것이라는 자신에 찬 그들의 기대를 상징한다.

고대의 모습) 이스라엘 백성은 찍힌 뽕나무 자리에 이전보다 더 강해지겠다는 결단과 오만함의 표시로 에레츠나무를 심었다.

재현) 재앙 2년 후, 일곱 번째 징조가 미국에 나타났다. 그것은 찍힌 뽕나무를 대신하여 그라운드 제로 구석에 세워졌는데, 바로 고대 이스라엘의 에레츠나무였다. 사람들은 그 나무를 둘러싸고 기념식을 열었고, 그것을 '희망의 나무'로 명명했다.

여덟 번째 징조 – 선언

선언의 표적) 나라의 지도자가 이사야 9장 10절의 맹세를 선언한다. 그렇게 공표된 맹세는 공적 선포로서 하나님을 향한 그 나라의 오만함을 보여주는 표시다. 그는 맹세를 선언하며 그 땅에 대한 심판을 알린다.

고대의 모습) 이스라엘 지도자들이 맹세를 선언했다. 그렇게 함으로써 그들은 나라의 진로를 결정했다. 이 맹세는 심판을 공표하며 멸망을 위한 무대를 만들었다.

재현) 9/11 3주기 당시 미국의 한 유명한 지도자가 의원총회 석상에서 고대의 오만한 맹세를 하였다. 그는 부지불식간에 미국에 심판을 공표했다. 심지어 그는 자신의 연설 전체를 멸망에 대한 고대의 맹세와 관련하여 작성하기까지 했다.

아홉 번째 징조 - 예언

예언의 표적) 나라의 지도자는 재앙 직후 역사의 일부가 될 맹세를 선언한다. 동시에 그 맹세는 그 나라가 심판에 이르는 과정을 결정하며 향후 일어날 일들을 예언적으로 선포하게 된다.

고대의 모습) 주전 732년의 공격 직후 한 지도자가 맹세를 선언하며 향후에 일어날 일들을 미리 말해 버렸다. 그것은 이사야 선지자에 의해 기록되어 나라가 심판에 이르는 진로를 결정했다.

재현) 2001년 9월 12일, 재앙 이튿날 미 의회는 국회의사당에 모여 국가적 대응책을 발표했다. 당시 발언하도록 지목된 이는 상원의장이었는데, 상하원 및 미국과 세계 앞에서 나라가 심판에 이르는 과정을 결정하는 고대의 오만한 맹세를 선포했다.[2]

그는 자신이 무슨 말을 하는지 깨닫지 못했지만, 하나님의 심판 아래 있던 오만한 나라와 미국을 동일시했다. 그리고 그의 말은 그대로 이루어졌다. 그는 징조, 찍힌 나무, 올라가는 돌, 그리고 한 나무가 다른 나무를 대신할 것에 대해 말했다. 그의 맹세로 오만함에 대한 심판이 결정되자, 그 나라에 대한 두 번째 격동을 위한 무대가 마련되었다.

두 번째 격동

9가지 징조는 이야기의 끝이 아니라 시작에 불과하다. 신비들은 여전히 계속되고, 징조는 국가적 심판의 성경적 진행과정을 보여 준다. 첫 번째 격동의 경고에 주의하지 않으면, 두 번째 격동이 찾아온다.

미국의 두 번째 격동에는 건물의 파괴가 없었다. 거기에는 오히려 미국의 세력 자체에 대한 격동이 들어 있었다. 9/11이 그랬던 것처럼, 그것은 미국뿐 아니라 전 세계에 영향을 미쳤다. 두 번째 격동에는 월 스트리트의 붕괴를 필두로 미국의 금융권과 경제적 파산이 포함되었다.

이러한 격동의 배후에 성경적 신비들이 흐르고 있다. 그중 하나가 정확한 시간과 날짜, 그리고 그 이후의 시간들을 보여 주는 것인데, 이것에 대해 여기서는 간략하게 언급하겠다.

이사야 9:10 효과

이스라엘 말기에 비롯된 고대의 성경 원리는 첫 번째 격동에 대한 미국의 반응, 곧 9/11 직후에 나타난 특정 행동이 수년이 지나는 동안 어떻게 미국과 세계 경제의 붕괴를 야기하게 되었는지 보여 준다.

플라타너스의 신비

미국이 세계금융의 초강대국으로 대두되기 시작한 날, 한 가지 표적이 있었다. 그리고 2001년 9월 11일, 다른 형태로 같은 표적이 재현되었다. 그것은 세력이 더 강해진 것이 아니라 다가오는 폭락을 경고하고 예고하는 형태였다.

세 번째 증인의 신비

성경은 심판에 속한 일이 집행되기 전 반드시 두세 증인, 그 문제에 관해 일관된 증거를 갖고 있는 두세 사람이 있어야 한다고 정해 놓았다. 미국의 경우, 징조는 모두 세 명의 증인들이 등장하고 있음을 보여 준다. 그 세 번째 증인은 미국의 대통령이다.

징조는 계속된다

《징조》가 시판된 후, 책에 계시된 징조들과 신비들이 계속해서 나타나고 있다. 그 책에서 말한 것들은 이루어지고 있는 중이다. 심판의 신비는 계속 진행 중이다.

- 그중 하나는 일곱 번째 징조이며, 이것은 여러 나라에 심판을 예고하고 있는 성경의 명백한 표적과 관련된다.
- 다른 하나는 그라운드 제로의 폐허에 숨겨진 예언의 말씀과 관련된다.
- 다른 하나는 네 번째 징조, 타워, 미국의 대통령, 그리고 국가적 파멸로 이끄는 8가지 말과 관련된다.
- 다른 하나는 미국과 세계 전역의 수백 만 명이 접한 메시지 곧 재앙이 발생하기 전 주어진 해, 2001년 9월 11일과 이사야 9장 10절의 연결고리를 확증하는 메시지와 관련된다.
- 다른 하나는 미국이 건국되기 오래전에 일어난 한 사건과 관련되고, 《징조》의 메시지가 주어진 것과 근본적으로 연결된다.

표적이 계속되고 있는 것은 그 자체로 미국을 향한 경고가 여전히 하나님으로부터 말미암고 있음을 말해 준다. 배도가 진전되면서 심판의 징조들도 진전되고 있다.

신비한 기초

여기서 언급되어야 하는 점은 앞서 나열한 맨 마지막 부분과 관련된 것이다. 이 신비는 보다 근본적인 토대와 연결되어 있다. 이 예언적 경고는 미국의 기초 안에 내재되어 있다. 그 경고는 미국이 국가로 출범하던 첫날 주어졌다. 그것은 미국이 하나님에게서 돌아설 때 어떤 일이 일어날 것인가와 관련된 것이다. 땅의 기초 곧 미국의 구별된 기초는 그날의 경고와 연결된다. 이 나라는 탄생 순간 하나님께 봉헌된 나라다. 그 기초가 바로 고대 이스라엘, 9/11, 그리고 미국에 대한 예언적 경고가 함께 자리하는 곳이다.

안식년의 비밀

아직 언급되지 않은 징조에 포함된 또 다른 신비가 있다. 나는 이 책을 통해 그것을 집중적으로 보여 주려고 한다. 이제 이러한 예언적 맥락을 감안하여 고대의 신비를 본격적으로 풀어 보겠다. 그것은 현대역사나 미국이나 다른 나라에서 발생한 사건들의 진로를 결정했을 뿐 아니라, 그러한 사건들의 정확한 타이밍, 날짜, 심지어 시간까지 지정해 두었다. 이것이 바로 안식년의 비밀이다.

그것을 풀려면 5개의 열쇠를 찾아 결합해야 한다.

THE MYSTERY OF THE SHEMITAH

안식년 준수는 복종과 겸손의 행동이다. 그것은 모든 좋은 것이 하나님으로부터 말미암고, 궁극적으로는 소유되지 않으며, 오로지 위탁될 뿐이라는 것에 대한 인정이다. 안식년 기간에 소유는 사라지고, 회계장부의 모든 것이 지워지며, 그동안 쌓아 온 것들이 일소된다. 안식년은 인간의 교만을 꺾어 겸비하게 한다.

2부
안식년의 비밀과 5개의 열쇠

04
첫째 열쇠 - 일곱째 해

산 위의 남자

    이야기는 중동의 한 사막에서 시작된다. 한 노인이 산에 오르자 산은 진동하고, 번개가 번쩍거리며, 천둥소리는 우르르 쾅쾅 나팔소리처럼 울려 퍼진다. 산 아래에는 백성들이 모여 두려움 속에서 그 광경을 지켜보고 있다.

    노인은 산마루에 이르러 빽빽한 구름 속으로 들어가 그곳에서 계시를 받는다. 그 사람의 이름은 '모쉐' Moshe 로, 세상에는 모세로 알려진 인물이다. 그에게 주어진 계시로부터 도덕법, 음식법, 정결법, 성막에 관한 법과 그것에 대한 청사진, 제사장의 임직 절차와 제사, 안식일과 절기에 관한 법, 그리고 세부적인 모든 것들이 나와서 이스라엘이 존속할 수 있는 기초를 형성했다. 그 계시는 토라나 율법으로 불렸는데, 안식년의 비밀이 바로 여기서 시작된다.

안식년

잘 알려진 바대로 이스라엘이라는 나라에서는 매 일곱째 날을 '안식일'이라 불렀다. 안식일은 여러 날 중에서도 특별했다. 이스라엘 사람들은 그날을 다른 여섯 날과 분리하고 구분하여 지키라는 명령을 받았다. 그날은 거룩한 주의 날로, 모든 정기적인 노동과 세속적인 수고를 그쳐야 했다. 안식일은 안식하는 날로서 온전히 주께 드려져야 했다.

하지만 안식일이 한 날뿐 아니라 한 해이기도 했다는 것을 아는 사람은 많지 않다. 매 일곱째 날은 안식일이고, 매 일곱째 해는 안식년이었다.

> 여호와께서 시내 산에서 모세에게 말씀하여 이르시되 이스라엘 자손에게 말하여 이르라 너희는 내가 너희에게 주는 땅에 들어간 후에 그 땅으로 여호와 앞에 안식하게 하라 너는 육 년 동안 그 밭에 파종하며 육 년 동안 그 포도원을 가꾸어 그 소출을 거둘 것이나 일곱째 해에는 그 땅이 쉬어 안식하게 할지니 여호와께 대한 안식이라 레 25:1-4

이처럼 안식년도 이어지는 여섯 해와 분리되고 구분되어 지켜져야 했다. 그 해는 거룩한 해가 되어 특별히 주께 드려져야 했다. 안식년 동안 그 땅에서는 파종이나 거둠, 밭갈이나 심기, 추수나 탈곡이 금지되었다.

> 너는 여섯 해 동안은 너의 땅에 파종하여 그 소산을 거두고 일곱째 해에는 갈지 말고 묵혀 두어서 출 23:10-11

안식년 기간에는 사람뿐 아니라 땅도 쉬어야 했다. 밭을 묵혀 두고, 포도원도 그대로 두고, 과수원도 돌보지 않았다. 땅이 주께 그 자체의 안식을 준수하였다.

> 네 백성의 가난한 자들이 먹게 하라 그 남은 것은 들짐승이 먹으리라 네 포도원과 감람원도 그리할지니라 출 23:11

안식년 동안 이스라엘 백성은 밭, 포도원, 과수원을 가난한 자들에게 개방해야 했다. 그 해에 그 땅은 모든 이들의 것이 되었다. 거기서 무엇이 자라든 '헤프케르'hefker로 불렸는데, 이는 '주인이 없다'는 뜻이다. 안식년 동안 그 땅은 결과적으로 모든 이들의 것인 동시에 누구의 것도 아니었다.

엘룰 월 29일

안식년 동안 그 땅에서 일어난 일은 그 해 마지막 날 백성에게 일어난 것처럼 놀라운 것이었다.

> 매 칠 년 끝에는 면제하라 면제의 규례는 이러하니라 그의 이웃에게 꾸어 준 모든 채주는 그것을 면제하고 그의 이웃에게나 그 형제에게 독촉하지 말지니 이는 여호와를 위하여 면제를 선포하였음이라 신 15:1-2

'매 칠 년 끝'은 안식년의 마지막 날을 말한다. 엘룰 월(현재 우리가 사용하는 달력으로 8-9월에 해당한다. 유대력은 음력에 기초하며 19년마다 1개월을 추가하여 태양력을 기초로 한 그레고리안 달력과는 차이가 있다 - 역자 주)은 유대력으로 마지막 달이고, 29일은 엘룰 월의 마지막 날이었다. 엘룰 월 29일은 안식년의 마지막 날로, 그날 그 나라 금융계에 전면적 변화가 일어났다. 모든 빚진 자가 빚을 면제받았다. 모든 채주는 채권을 면제해야만 했다. 엘룰 월 29일에 모든 채권이 사라지고, 모든 채무도 없어졌다. 그 결과 모든 재무회계가 깨끗하게 정리되었다. 한 마디로 그날은 이스라엘의 금융 원천무효 또는 면제의 날이었다.

히브리인들의 시간 계산 방식에 의하면, 하루는 아침이 아니라 밤에 시작된다. 창세기 1장에서는 창조에 대해 설명하면서 "밤이 되고 아침이 되니 이는 ○○날이라"라고 기록한다. 따라서 히브리인들의 하루는 그 전날 밤에 시작된다. 그리고 밤은 일몰로 시작되기 때문에 모든 히브리인들의 하루는 일몰에 시작된다. 따라서 모든 채무가 사라지는 것으로 계산되어야 했던 순간은 엘룰 월 29일 일몰이었다.

면제

　영어에서 엘룰 월 29일 규례는 모든 채주가 채무를 '면제한다'고 정하고 있다. 그러나 히브리어 원문은 모든 채주가 '슈미타'shemitah(면제, 풀어줌)를 해야 한다고 명령한다. 신명기 15장의 첫 두 구절에서 슈미타라는 단어는 네 번이나 등장한다. 2절 하반절은 "이는 여호와를 위하여 면제를 선포하였음이라"고 적고 있다. 히브리어로 이는 "주의 안식년으로 일컬어진다"는 뜻이다.

　슈미타라는 단어는 흔히 '면제'나 '탕감'으로 번역된다. '면제'로 번역되는 영어단어 '리미션'remission은 '빚이나 벌금에 대한 취소나 삭감'으로 정의된다. 고대 이스라엘의 슈미타 즉 안식년은 땅을 놀리는 것뿐 아니라 하나님에 의하여 빚과 채권이 무효화되는 일이 전국에서 전면적으로 실행되는 것을 말한다.

　슈미타는 안식년 마지막 날인 엘룰 월 29일, 면제의 날의 명칭이 되었다. 동시에 그것은 안식년 전체에 대한 명칭이기도 했다. 일곱째 해는 안식년, 더 간단히 슈미타로 알려지게 되었다. 슈미타는 백성이 스스로 해방되는 때, 땅의 해방과 함께 면제의 날로 시작되었다.

　슈미타라는 말은 일곱째 해와 그 해의 마지막 날을 함께 아우른다. 여기에는 한 가지 까닭이 있다. 엘룰 월 29일 마지막 날은 그 해의 정점, 최고조, 절정이다. 다시 말해, 면제년이 사라지는 날이다. 어떤 의미에서 안식년에 관한 모든 것은 그 마지막 날을 향해 쌓여 간다. 그날에는 하루 만에 모든 것이 해방되고, 면제되고, 사라진다. 좀 더 정확하게 말하면, 그날 저녁 곧 마지막 일몰 때에 그렇게 된다.

급진적 여파

한 나라가 한 해 동안 땅에서의 모든 노동을 온전히 그치게 한다는 관념은 매우 급진적이다. 모든 채권과 채무가 그날에 없어진다는 관념만큼이나 그러하다. 이 두 가지 요구사항의 여파는 너무나 깊고 커서 안식년의 재정과 경제적 결과로 인해 이후 세대에 문제가 야기된다. 이 문제는 현대에 유대인들이 이스라엘 땅에 돌아왔을 때 첨예하게 대두되었다.

랍비들은 이 문제를 해결하기 위해 안식년의 급진적 요구조건들을 우회하는 방식을 추구했다. 그중 하나는 안식년이 일차적으로 유대인의 소유지에 적용된다는 생각에 근거를 두었다. 그래서 유대인 농부들은 안식년에 자신들의 땅을 비유대인들에게 판 후 계속해서 일했다. 매매는 그 땅이 안식년 말에 유대인 농부에게 다시 돌아간다는 약정하에 체결된다.

랍비들은 같은 방식으로 채무 파기 문제를 해결하기 위한 방식을 고안했다. 랍비 현자 힐렐이 새로운 체계를 계발함으로 빚은 종교재판소로 이전될 수 있었다. 이 외에도 많은 사람들이 다양한 전략들을 제안하여 안식년이 다양한 형태로 계속해서 지켜졌다. 하지만 그런 형태들은 점점 더 상징적인 것이 되었다.

모든 사람들이 다 이런 방식을 받아들인 것은 아니다. 이스라엘의 정통 유대인들은 안식년의 요구조건을 아무런 변경 없이 신실하게 지켜 결국 이듬해에 차고도 넘치게 추수한 유대 농부들의 이야기를 들려 준다. 이 문제를 둘러싼 논쟁에도 불구하고, 이런 방식들이 랍비들에 의해서 고안되었다는 사실은 안식년의 비밀을 푸는 데 있어서 두 가지 중요하다고 여겨질 만한 것들을 보여 준다.

- 안식년은 특별히 금융계와 경제계에 영향을 미치는 결과들을 책임진다.
- 안식년의 효과는 경제 및 금융 붕괴 효과와 중요한 유사성을 갖는다.

안식년의 소명

안식년의 가장 우선되는 존재 이유는 무엇이었을까? 몇 가지 답이 있는데, 그 모든 답은 영의 세계와 연관된다.

안식년은 토지, 즉 땅이 하나님의 것임을 증언한다. 그것은 청지기인 사람에게 잠시 위탁되었을 뿐 하나님께서 모든 것을 주관하신다. 그분의 주권은 돈, 금융, 경제, 재산의 영역까지 확장된다. 이것들은 사람들에게 위탁되었지만, 궁극적으로는 하나님께 속한 것이다.

안식년은 삶의 모든 영역에서 하나님이 우선되시고, 하나님이 그 위에 계시다고 선언한다. 그러므로 모든 영역에서 하나님이 우선되시고 또 그분이 그 위에 계셔야 한다. 안식년 동안 이스라엘은 결과적으로 세속적인 영역에서 돌이켜 영적인 것들로 돌아와야 했다.

안식년은 깨끗하게 하고, 불균형을 끝내며, 회계를 평준화하고, 이전 해 동안 쌓은 것을 무효로 만든다. 말하자면, 금융과 경제판에 대한 대대적인 청소인 것이다. 그것은 복잡하게 얽히고설킨 것들을 종식시키고 자유를 가져온다. 그 자유는 단순히 땅이나 일국의 재무회계만 아니라 보다 우주적인 것에 적용된다.

안식년은 물질적인 영역에 대한 집착, 말하자면 자기 소유, 재정, 부동산 등에 관한 청구나 추구로부터 사람들을 자유롭게 한다. 그것은 결박에 대한 파쇄다. 그리고 이처럼 자유롭게 하는 이들은 더 이상 소유에 구속되지 않고 해방된다.

안식년은 하나님이 모든 복, 곧 영적이고 물질적인 복의 근원이심을 상기시킨다. 하지만 하나님이 제거될 때, 궁극적으로 복의 상실이 뒤따른다. 그러므로 안식년은 인간 본성의 특정한 결함을 다루게 된다. 그것은 인생을 복 주시는 자에게서 분리하려는 경향성이요, 물질계와 영계를 분리하려는 경향성이다. 그러한 경향성은 영적인 것들의 손실을 물질세계를 향해 청구하면서 더욱 많은 것들을 추구하고, 늘리고, 획득하려고 한다. 이른바 물질주의다. 그렇게 물질의 점진적 증가는 하나님의 임재를 몰아내게 된다.

안식년은 이 모든 것들에 대한 해독제다. 즉 물질적 집착을 말끔히 청소해 하나님의 역사와 임재가 들어오게 하는 것이다.

안식년 준수는 복종과 겸손의 행동이다. 그것은 모든 좋은 것이 하나님으로부터 말미암고, 궁극적으로는 소유되지 않으며, 오로지 위탁될 뿐이라는 것에 대한 인정이다. 안식년 기간에 소유는 사라지고, 회계 장부의 모든 것이 지워지며, 그동안 쌓아 온 것들이 일소된다. 안식년은 인간의 교만을 꺾어 겸비하게 한다.

끝으로, 안식년은 안식일과 궤를 같이한다. 즉, 안식할 수 있는 해가 통째로 주어져서 자유롭게 하고 자유롭게 되며, 다른 이들에게 짐을 지우지 않고 누군가의 짐을 부려 주며, 판을 깨끗하게 정리하여 새로운 판을 갖게 된다. 그 시간은 하나님께서 안식, 새로움, 갱생을 위해 지정하신 때다.

첫 퍼즐 조각

더 나아가기 전에, 첫째 열쇠에 관해 알게 된 것을 정리해 보자. 다음은 안식년의 비밀을 밝히기 위해 필요한 퍼즐 조각들이다.

- 안식일이 날과 관련된 것처럼 안식년은 해와 관련된다.
- 안식년은 매 7년에 한 번 발생한다.
- 안식년은 중단, 해방, 안식의 해로 그것이 도래하기까지 중단되지 않던 것을 중단시킨다.
- 안식년은 특별히 금융계 그리고 경제계와 관련이 있다.
- 안식년은 마지막 절정의 날, 엘룰 월 29일, 면제의 날, 무효의 날로 향한다.
- 엘룰 월 29일에 모든 채무가 무효화되고, 모든 채권이 사라지며, 국가의 재무 회계가 깔끔하게 갱신된다.

- 안식년은 전면적이고, 급진적이고, 극단적이다.
- 안식년의 효과, 결과, 파급은 금융 및 경제 붕괴의 여파와 핵심적인 유사성을 갖는다.

안식일과 마찬가지로 안식년은 이스라엘에 복이 되도록 의도된 것이었다. 안식년과 가장 밀접하게 연결된 단어와 개념은 모두 자유, 면제, 채무탕감 등과 같이 긍정적이다. 하지만 안식년은 심판과도 관련된다. 여기서 한 가지 중요하고 명백한 질문이 야기된다. 어떻게 한 나라의 복을 위한 제도가 그 나라의 심판과 연결될 수 있을까?

다음 장에서 그 대답과 관련된 둘째 열쇠를 살펴볼 것이다.

05
둘째 열쇠 -
주전 586년과 심판의 표적

폐허 속의 선지자

슬프다 이 성이여 전에는 사람들이 많더니 이제는 어찌 그리 적막하게 앉았는고 전에는 열국 중에 크던 자가 이제는 과부 같이 되었고 … 모든 성문들이 적막하며 … 어린 자녀들이 대적에게 사로잡혔도다 애 1:1-5

선지자는 무너진 성의 폐허 속을 걷는다. 한때 그곳은 국가의 수도, 왕들과 방백들의 성이었으나 이제는 잿더미와 돌무더기뿐이다. 거리는 황무하다. 하나님의 이름과 영광이 머물던 성은 무너졌고, 시온 땅은 황무지가 되었다.

그는 침묵하지 않았다. 거듭 소리를 높여 그 나라에 쉬지 않고 경고했다. 하지만 그들은 그와 그의 경고를 거부했으며, 그를 박해하고 감옥에 가두었다. 마침내 그가 예언하던 재앙이 닥치자 왕국은 더 이상 버티지 못하고 성전과 함께 사라졌다. 그렇게 그가 사랑하던 나라가 멸망하고 말았다.

때는 주전 586년, 성은 예루살렘, 왕국은 유다였다. 그 선지자는 당시 '이르마야후' Yirmayahu라는 이름으로 불렸고, 이후 세상에 예레미야라는 이름으로 알려졌다. 그는 단지 그 성과 땅을 위해서만이 아니라 그 백성을 위해서도 울었다. 성은 황폐해졌고, 밭들은 버려졌다. 남녀노소가 그 멸망을 자행한 이들의 땅에 포로로 끌려가 바벨론 강가에 앉아 울었다.

70년의 비밀

예레미야는 그 모든 것, 곧 멸망과 포로의 삶에 대해 예언했다. 사실 주께서는 그에게 심판의 기간, 다시 말해 그 정확한 햇수를 계시하셨다.

그러므로 여호와께서 그의 모든 종 선지자를 너희에게 끊임없이 보내셨으나 너희가 순종하지 아니하였으며 귀를 기울여 듣지도 아니하였도다 그가 이르시기를 너희는 각자의 악한 길과 악행을 버리고 돌아오라 그리하면 나 여호와가 너희와 너희 조상들에게 영원부터 영원까지 준 그 땅에 살리라 … 만군의 여호와께서 이와 같이 말씀하시니라 너희가 내 말을 듣지 아니하였느니라 … 이 모든 땅이 폐허가 되어 놀랄 일이 될 것이며 이 민족들은 칠십 년 동안 바벨론의 왕을 섬기리라 렘 25:4-11

예레미야의 예언에 따르면, 그 나라는 70년 동안 바벨론의 통치 아래 있게 된다. 정한 기간이 지나면 주께서 바벨론을 패망시키시고, 포로들은 시온으로 돌아올 것이다. 그 예언은 주전 539년 바벨론 제국의 몰락과 고레스 왕이 이끄는 바사의 등장과 함께 성취되었다. 고레스는 포로로 잡혀 있던 유다 백성이 그들의 땅으로 귀환하여 그 땅을 재건할 수 있도록 칙령을 내린다. 하지만 어째서 70년인가? 이유는 고대의 신비에 깊이 뿌리박고 있다.

토지가 황폐한 동안

역대하는 예레미야가 예언한 멸망과 포로생활에 관해 좀 더 구체적으로 다룬다.

그 조상들의 하나님 여호와께서 … 그의 사신들을 그 백성에게 보내어 이르셨으나 그의 백성이 하나님의 사신들을 비웃고 그의 말씀을 멸시하며 그의 선지자를 욕하여 여호와의 진노를 그의 백성에게 미치게 하여 회복할 수 없게 하였으므로 하나님이 갈대아 왕의 손에 그들을 다 넘기시매

그가 와서 … 하나님의 전을 불사르며 예루살렘 성벽을 헐며 대하 36:15–19

포로로 잡혀간 이들에 대해 언급하는 가운데 잃어버린 열쇠가 등장한다.

칼에서 살아 남은 자를 그가 바벨론으로 사로잡아 가매 무리가 거기서 갈대아 왕과 그의 자손의 노예가 되어 바사 국이 통치할 때까지 이르니라 이에 토지가 황폐하여 땅이 안식년을 누림 같이 안식하여 칠십 년을 지냈으니 여호와께서 예레미야의 입으로 하신 말씀이 이루어졌더라 대하 36:20–21

"땅이 안식년을 누림 같이"(그 땅이 여러 안식년을 즐길 때까지)라는 구절이 매우 눈에 띈다. 어떻게 땅이 안식년을 누린다는 것일까? 그리고 이것이 70년 심판과 무슨 관련이 있을까? 이에 대한 답은 시내 광야에서 발견된다.

토라의 실마리

레위기 26장은 이스라엘 백성이 하나님을 떠나면 어떤 일이 일어나는지에 대해 예언한다. 그들은 그 땅에서 쫓겨나 열국으로 흩어질 것이다. 그 예언은 주전 586년 예루살렘의 멸망으로 성취되었다. 그런데 분명한 연관성이 토라 안에 계시되어 있다.

> 내가 너희의 성읍을 황폐하게 하고 너희의 성소들을 황량하게 할 것이요 … 그 땅을 황무하게 하리니 … 너희의 땅이 황무하며 너희의 성읍이 황폐하리라 너희가 원수의 땅에 살 동안에 너희의 본토가 황무할 것이므로 땅이 안식을 누릴 것이라 그 때에 땅이 안식을 누리니 너희가 그 땅에 거주하는 동안 너희가 안식할 때에 땅은 쉬지 못하였으나 그 땅이 황무할 동안에는 쉬게 되리라 레 26:31-35

이 구절에서 언급된 그 땅의 '안식'은 여러 안식년을 말한다. 다시 말해서, 안식년이 심판의 타이밍에 대한 열쇠를 쥐고 있는 것이다. 하지만 어째서, 또 어떻게 그런가?

언약의 표시

안식년은 그 나라가 하나님과 언약을 체결했음을 나타낸다. 그들의 모든 것 곧 토지와 그에 부속된 모든 복은 하나님과 체결한 언약 관계에 의존한다. 그것은 다 그들에게 위탁된 것으로 하나님의 것이다. 만일 그들이 하나님을 떠나면, 그 복도 사라진다. 다시 말해서 그들이 그 복에서 제거되는 것이다.

따라서 이스라엘 백성이 안식년을 준수하는 것은 그 땅과 그들의 삶에 대한 하나님의 주권을 인정하는 것이다. 그것은 또한 믿음의 행동으로 자신의 필요를 공급하실 하나님의 신실하심을 전적으로 신뢰하는 것이다. 그것은 그들이 농사를 짓지 않는 동안에도 마찬가지다. 같은 방식으로 모든 채무를 취소하는 것은 돈을 받는 것을 포기하고 하나님의 섭리를 의지하는 것이다.

안식년 준수는 무엇보다도 헌신과 경배의 행동으로, 하나님을 그 무엇보다 우선순위에 두는 것이다. 이 모든 것을 근거로 복이 약속되었다. 만일 이스라엘이 안식년을 지키면, 하나님은 이스라엘이 필요로 하는 것 이상으로 지키시고 복 주실 것이다.

파기된 안식년

그러나 안식년을 포기하거나 거절하는 것은 그 반대를 뜻한다. 바로 그 땅과 삶에 대한 언약의 파기와 하나님의 주권에 대한 거절인 것이다. 그것은 그들이 이렇게 말하는 것과 같다. "그 땅은 하나님 것이 아니라 우리 것이다. 우리가 가진 모든 것은 하나님이 아니라 우리가 수고해서 벌어들인 것으로 하나님이 아니라 우리의 것이다. 우리는 하나님을 찾기 위해 우리의 이득이나 소득을 희생하지 않을 것이며, 또 그러한 목적을 중단시키거나 방해하는 어떤 것도 허용하지 않을 것이다. 우리의 삶이나 이 나라에서 하나님을 위한 필요, 시간, 여지는 없다."

이런 이유로 안식년 문제는 치명적이었다. 거기에 국가의 장래가 달려 있기 때문이다!

안식년과 국가의 몰락

안식년에 대한 이스라엘의 거부는 지대한 영향을 미칠 일련의 결과와 효과를 가동시켰다. 만일 하나님이 그 땅과 백성을 다스리지 않으시면, 그들은 창조주로부터 끊어지게 된다. 하나님 중심적 세계관이 인간 중심적 세계관, 자기중심적 세계관으로 대체되었다. 이스라엘 백성은 삶에서 하나님을 몰아내고 스스로 그 땅과 세계와 운명의 주인이 되었다. 그들은 이제 법을 다시 쓰고 옳고 그름, 도덕과 부도덕을 스스로 규정하였다.

하나님이 없으면 어떤 것도 거룩할 수 없고, 바로 그런 점에서 부정하다. 이제 인간들 스스로 승인한 목적 외에 어떤 목적도 존재하지 않게 되었다. 그들은 참된 목적 없이 자기가 원하는 것이라면 무엇이든 할 수 있게 되었다. 그 땅에 대해서뿐 아니라 삶에 대해서도, 서로에 대해서도, 자녀에 대해서도 말이다. 심지어 그들은 이방 신들의 제단에 자녀를 희생제물로 바쳤다.

최종적으로 심판이 임한 것은 이 마지막 죄악 때문이었다. 그것은 안식년 파기와 함께 시작되어 바알과 몰렉의 불 속으로 그들의 아들, 딸을 제사 지내는 것으로 끝났다. 그 죄가 나라의 멸망을 야기했다.

안식년의 심판

주전 586년 심판이 임했을 때, 거룩한 성은 불타는 폐허가 되어 버려졌고, 거룩한 땅은 거대한 황무지가 되었으며, 백성은 이방 땅에 포로로 잡혀갔다. 이것이 안식년과 무슨 관계가 있을까?

이스라엘은 삶에서 하나님을, 그 땅에서 안식년을 몰아냈다. 그런데 이제 안식년이 그들에게 돌아왔다. 그들이 기꺼운 마음으로 지키려 하지 않던 것이 강제로 그들에게 임했다. 안식년이 복이 아니라 심판의 형태로 돌아온 것이다.

그들은 그 땅에서 안식년을 쫓아냈다. 그런데 이제 안식년이 돌아와서 그들이 쫓겨나게 되었다. 그들은 삶에서 하나님을 제거했다. 그러자 그들의 복이 그들을 제거했다.

안식년의 황량함

안식년 동안 그 땅에는 파종이나 추수가 없어야 했다. 그러나 그들은 규례를 거절하고 소득을 위해 계속해서 일하며 땅을 착취했다. 안식년이 그 땅에 심판의 형태로 돌아왔을 때, 파종과 추수가 전면 중단되고, 포도원과 과수원의 관리가 중단되어 아무도 그 땅에서 일하지 못했다. 이렇듯 심판과 재앙을 통해 그 규례가 지켜졌다.

안식년 동안 포도원이나 과수원을 소유한 이들은 모두 가난한 자들에게 그것을 개방해야 했다. 이제 모든 밭에 가난한 자들이 접근할 수 있게 되었다. 토지를 막고 있던 담장과 울타리가 열려 그 해에 줄곧 열려 있었다. 주전 586년 멸망 기간에 문들이 강제로 열리고, 성벽은 무너져 내렸으며, 담장은 훼파되었고, 포도원은 개방되었으며, 과수원은 보호받지 못했고, 사유지가 공유지가 되어 모두가 접근할 수 있게 되었다. 심판 중에 안식년이 성취된 것이다.

안식년 절정의 날, 모든 채무는 사라지고, 모든 채권은 휴지 조각이 되며, 그 나라의 재무회계는 원천무효가 되었다. 이처럼 주전 586년에 그 나라의 재무회계가 금융계를 완전히 일소했다. 재앙이 강제적으로 채무를 취소해 버리고, 채권도 무효로 돌려 버렸다. 늘 그렇듯 안식년은 멸망의 힘으로 나라의 금융계를 변화시켰다.

안식년 효과는 그동안 쌓아 온 것들을 무효화하는 것이었다. 주전 586년, 안식년은 왕국 자체를 소제했다. 이제껏 쌓아 온 것들, 즉 그 나라의 궁궐들과 타워들이 모조리 소제되었다. 왕국 자체가 아무것도 아니게 된 것이다.

혹독한 안식일

안식년은 안식의 해, 휴경의 해, 관리하지 않는 포도원의 해, 정적의 해였다. 주전 586년 이후에 이스라엘 땅은 포로가 된 백성과 함께 쉴 수 있게 되었다. 밭은 휴경지가 되었고, 과수원은 돌보는 이가 없었으며, 아무도 포도원을 지키지 않았고, 타작마당은 고요했으며, 감람나무는 버려졌고, 포도즙 틀은 적막했다. 이제서야 시내 산에서 정해진 것들이 지켜진 것이다.

> 너희가 원수의 땅에 살 동안에 너희의 본토가 황무할 것이므로 땅이 안식을 누릴 것이라 그 때에 땅이 안식을 누리리니 레 26:34

이스라엘이 지키지 않은 안식일 또는 안식년은 도합 70번이었다. 따라서 이스라엘의 심판은 70년간 지속될 것이다.

> 너희가 그 땅에 거주하는 동안 너희가 안식할 때에 땅은 쉬지 못하였으나 그 땅이 황무할 동안에는 쉬게 되리라 레 26:35

이것이 이스라엘에 대한 심판의 타이밍과 관련된 안식년의 비밀이다.

안식년과 세계사

주전 586년 이스라엘 땅에 임한 심판은 성경과 유대의 역사, 세계사의 중심축이 되는 사건이었다. 그때 예루살렘 성전이 무너지고, 히브리 선지자들의 말씀들이 성취되었다. 디아스포라, 곧 전 세계로 유대인들이 흩어지는 일이 시작되었고, 유대교와 세계사를 돌이킬 수 없을 정도로 변화시킨 예슈아 또는 예수라는 유대인 랍비의 도래를 위한 무대가 놓이게 되었다.

이 모든 배후에 안식년이 있었다. 이렇게 희미하고 거의 알려져 있지 않은 고대의 신비가 이미 온 땅과 거기에 살고 있던 이들에게 너무나 광범위하여 측량할 수 없을 정도로 영향을 미쳤다.

그렇다면 안식년의 신비가 여전히 세계사의 진로를 움직이고, 영향을 미치고, 변경시킬 수 있지 않을까? 과연 현대세계와 우리 시대에도 그렇게 할 수 있을까?

만약 그렇다면 그것은 어떤 형태로 나타날까? 안식년은 현대세계에 어떻게 나타날까? 이에 답하려면 또 다른 열쇠가 필요하다.

06
셋째 열쇠 - 예언적 선언

그 신비가 여전히 영향을 미치고 있다면?

　역대하에 따르면, 안식년의 신비는 주전 586년 왕국의 멸망이라는 세계사의 가장 중심적인 사건 중 하나의 배후에서 작동하고 있었다. 하지만 그 신비가 여전히 영향을 미치고 있고, 그래서 현대세계에 다시 나타난다면 어떤 일들이 벌어질까? 지금도 역사의 진로를 좌우하고, 영향을 미치고 또 결정하고 있다면 그것은 어떤 형태를 띠게 될까?

안식년의 경제적 연결고리

오늘날의 경제 체계에서는 극소수의 사람들만 토지를 경작하여 추수하고 포도원을 관리한다. 그렇다면 안식년이 어떻게 그런 장벽을 뚫고 현대세계에서 작동할 수 있을까? 만일 우리가 순수하게 기술적이고 보편적인 용어로 안식년의 영향과 결과를 보면, 어떤 일이 일어날까?

안식년은 놀랍게도 우리 시대에도 적용된다. 즉 안식년의 영향과 파급효과는 한 국가의 금융, 경제, 노동, 고용, 생산, 소비 및 유통과 무역이라는 경제 전반으로 확장된다.

비록 오늘날의 경제가 대부분 농경 중심적이지 않고 산업적·후기산업적임에도 불구하고, 그 모든 속성들은 여전히 적용된다. 그러므로 안식년이 현대에 출현한다면, 그것은 금융, 경제, 노동, 고용, 생산, 소비 및 유통과 무역이라는 경제 전반에 영향을 미칠 것이다.

경제의 붕괴

안식년이 진행되는 동안 국가의 생산은 현저히 감소된다. 심각한 생산 감소가 일어나 국가는 경기하락이나 침체, 경기폭락이나 불황을 겪는다. 이 시기에 수요는 줄고, 회사는 인원을 감축하며, 공장은 줄어들고, 사업체들이 문을 닫는다.

안식년 동안에는 국가의 노동이 크게 감소하거나 중단된다. 현대 국가의 경우, 이는 대규모 실업으로 나타난다. 다시 말해, 이 모든 일은 경기침체나 경기불황의 특징이다.

안식년 동안에는 땅에서 생산된 것들의 매매가 제한되거나 노동의 결실이 폐기된다. 여기에 경기침체와 경기폭락의 또 다른 특징으로 수요가 줄어들고, 소비가 곤두박질친다. 거래가 감소하며 소비자는 지갑을 닫는다. 창고에는 손도 대지 않은 상품들이 쌓이고, 국제무역은 대규모 하락세로 고통을 받는다. 그리고 국가 산업의 결실, 생산물, 서비스가 버려진다.

금융 붕괴

절정의 날인 엘룰 월 29일에 안식년은 채권을 무효화시키고, 채무를 없애 버린다. 또한 나라의 재무회계들이 변형되고 무효화된다.

이것은 다시 경제 붕괴, 좀 더 자세히 말해 금융 붕괴를 뜻하게 된다. 이러한 붕괴는 기업도산, 은행부도, 압류, 파산을 야기하여 채무와 채권이 변제된다. 수천만 달러가 몇 시간, 심지어 몇 분 만에 사라진다. 그리고 주식시장 붕괴와 재무회계를 포함하는 금융위기는 변형되고, 무효화되고, 깨끗하게 정리된다.

안식년의 영향이나 결과는 지속적으로 하나의 특정 사건, 곧 경제 붕괴와 금융 붕괴로 향한다. 이러한 현상은 랍비들도 이미 알고 있는 것이다.

안식년 준수와 격변

여기 하나님의 백성의 자발적인 준수를 통해 수행된 성경에 지정된 사건, 종교적 사건, 안식일의 안식, 그리고 일종의 복으로서의 안식년이 있다. 다른 한편으로, 자발적인 종교적 준수와 전혀 상관없이 엄청나게 다양한 원인으로 인해 발생하는 왕국의 멸망이 있다. 그 둘은 어떻게 연결될 수 있을까?

성경은 레위기 26장에서 이 둘을 연결한다. 레위기는 성들을 완전히 폐허로 만들고 땅을 사람이 살 수 없는 곳으로 만드는 대규모의 군사적 침략을 언급하면서 동시에 그 땅의 황폐함을 안식년의 성취로 여긴다.

안식년에 대한 현대적 해석

따라서 그것이 임하는 수단과 관계없이 궁극적 결과는 동일하다. 하나님의 백성의 자발적 준수를 통하든지 아니면 재앙에 의하든지, 그것은 안식년이 보여 주는 영향이다. 고대 이스라엘에서는 안식년 기간에 파종과 추수를 자발적으로 그쳐야 했다. 현대세계에서는 경기침체와 경기폭락으로 인해 사람들의 고용과 노동이 중단된다. 그 수단은 다르지만, 최종적인 결과는 동일하다.

고대 안식년에서 밭과 과수원에 대한 자발적 포기는 땅의 수확량과 생산성이 곤두박질치는 것을 뜻했다. 현대세계에서는 생산과 수확의 급락이 경제 붕괴에 의해 야기된다. 고대 안식년에서 사람들이 그 땅의 열매를 사고, 팔고, 관여하는 것이 금지되었다. 현대세계에서 경제 붕괴는 소비와 무역 붕괴로 이어진다. 고대 안식년에는 채권과 채무를 취소해 재무회계를 무효화해야 했다. 현대세계에서 금융 붕괴는 채권행사를 불가능하게 하고, 채무를 이행할 수 없게 하며, 재무회계의 무효화를 야기한다.

현대세계에서의 파종과 거둠

안식년과 연결된 농경용어가 경제계 및 금융계와 얼마나 많이 연결되어 있는지 살펴보자. 금융투자는 '파종'sowing으로, 금융기업의 출범을 위해 투입되는 자금은 '종자돈'seed money이라 불린다. 또한 신생기업의 출범은 '심기'planting로, 금융투자가 수익을 내면 '수확'yield이라 부른다. 수확은 '결실'fruition의 일부다. 사람들은 수확한다reap.

이러한 연관성은 고대 히브리어와 비교할 때 더욱 분명하게 드러난다. 안식년 규례 중 하나는 다음과 같다.

만일 너희가 말하기를 우리가 만일 일곱째 해에 심지도 못하고 소출produce을 거두지도 못하면 우리가 무엇을 먹으리요 하겠으나 레 25:20

'소출'produce은 히브리어 '테부아'tebuah를 번역한 것이다. '테부아'는 '열매'나 '소출'로 번역되나 '소득', '수입', '수익'으로 번역될 수 있다.

여기서도 우리는 안식년과 현대 경제 체계의 연관성을 발견할 수 있다. 안식년은 한 나라의 물질적 복에 영향을 미치고, 그 물질적 부는 그 나라의 부요, 생산성, 그리고 지속을 보장한다. 현대국가에서 그것은 실물경제와 금융계에 해당한다. 따라서 안식년이 현대세계에서 작동한다면, 우리는 안식년이 특히 그 동일한 영역과 연결될 것이라 예상할 수 있다. 안식년의 본질이 끝 혹은 종결로 이어지기 때문에, 그것은 경제 및 금융 붕괴로 나타날 것이다.

예언적 표적으로서의 안식년

그런데 안식년이 그 이상 나아갈 수 있을까? 그것이 경제계를 넘어 확장될 수 있을까? 안식년이 경제적 영역이 아닌 정치사회 전체의 끝, 붕괴, 심지어 멸망이라는 형태로 출현할 수 있을까? 답은 주전 586년 그 땅에 임한 재앙과 관련하여 언급된 역대하 2장에서 찾을 수 있다. 그 설명에 따르면, 그 땅에 대한 바벨론의 침략, 예루살렘이 불타는 것, 백성이 포로로 끌려가는 일 등이 다 안식년 현상의 일부였다.

모순된 결합을 보이는 이것은 한편으로 안식년 곧 안식에 대한 종교적 준수이며, 다른 한편으로는 성이 불타고 왕국이 모조리 소실되는 국가적 격변이다. 하나는 해방에, 다른 하나는 포로가 되어 강제로 끌려가는 나라와 관련된다.

어떻게 이렇게 모순되는 두 가지 실체가 함께할 수 있을까? 대답은 이 둘은 함께하지 않는다는 것이다. 그것들은 하나이며 동일하다. 설명에 따르면, 주전 586년 이스라엘 땅에 임한 것은 단지 안식년과 관련된 어떤 것이 아니라 그 자체가 안식이었다.

> 이에 토지가 황폐하여 땅이 안식년을 누림 같이 안식하여 대하 36:21

그 멸망이 안식이었다. 과거 이스라엘에서 지켜지지 않고, 이루어지지 않던 모든 안식년이 이제 이루어지기 위해 돌아온 것이다. 심판의 70년은 과거 이스라엘에서 지켜지지 않던 안식년이었다. 안식년이 변형된 형태로 돌아온 것이다. 이제 그것은 갈등과 전쟁, 정치동맹, 온 백성의 추방과 포로, 그리고 셀 수 없이 다양한 인간의 행동, 반응, 상호작용을 통해 작동한다.

안식년과 두 제국

안식년이 바벨론 군대의 약속의 땅으로의 진군, 성전이 불타는 것, 그 땅에서 백성을 제거하는 것, 그리고 그 유배 햇수의 배후에 있었다. 그것은 고대 이스라엘의 경계를 초월해 이방 백성, 나라, 제국을 포함하는 거대한 규모로 작동했다.

그 땅을 쉬게 하고 잃어버린 안식년을 지키려면 유대인들이 그 땅에서 옮겨져야 했다. 그리고 유대인들이 그 땅에서 옮겨지려면 바벨론 제국이 세계무대에 등장해야 했다. 또한 바벨론 제국이 등장하기 위해 앗수르 제국이 멸망해야 했다.

그 땅이 안식년을 지킬 때, 바벨론 포로 생활이 종식될 수 있었다. 그 일이 일어나기 위해 또 다른 제국이 일어나야 했으니 바로 바사다. 그래서 바벨론 제국은 70년의 안식년이 시작되는 바로 그 시점에 일어나야 했다. 그리고 안식년 70년이 끝날 때, 몰락한다. 바벨론은 바사 제국이 일어나면서 멸망한다. 그러므로 바사 제국은 안식년이 끝나가는 바로 그 시점에 일어난다. 이처럼 안식년의 신비는 이스라엘을 넘어 멀리 떨어진 열방의 진로에 영향을 미쳤고, 또 열강들, 왕국들, 그리고 제국들의 번영과 몰락을 유발하며 전 세계적 차원으로 확장되었다.

패턴으로서의 안식년

안식년의 신비에는 항상 심판이 포함될까? 꼭 그럴 필요는 없다. 간단한 등식처럼, 모든 상황을 단순히 특정 죄 탓으로만 돌릴 수는 없다. 그리고 한 강대국의 몰락과 또 다른 나라의 등장도 동일한 의미일 수 있다. 안식년은 주요한 패턴과 동력을 형성하며 주어진 특정 상황이 특정한 방식으로 나타나게 할 것이다. 그것은 다양한 형태로 일어나겠지만, 일관된 성질을 보이며 일관된 동력을 통해 작동하고 일관된 파급효과를 양산할 것이다.

한 나라나 문명이 주어지는 과정에서 그 출발이 하나님의 뜻에 따라 드려진 바 되었으나 (고대 이스라엘이 그러했던 것같이) 그 뜻에서 벗어나 그 길을 거절하고 그분의 주권을 거부한다면, 안식년은 더욱 강도 높게, 더욱 가혹하게 심판의 방향으로 나타날 것이다.

오늘날의 안식년은 어떤 모습일까?

앞에서 나는 안식년의 신비가 현대세계에서 작동한다면, 어떻게 나타날 것인지 물었다. 이제 그 질문에 답하기 위해 퍼즐 조각들을 합쳐 보자.

전반적 현상

- 안식년은 만물에 대한 하나님의 주권, 통치권, 소유권을 선언한다.
- 특별히 한 나라의 번영과 지속의 영역을 주관한다.
- 안식년으로서 나타나고, 그 전 여섯 해와는 구별된다.
- 모든 복이 하나님으로부터 말미암는다는 것을 증거한다.
- 인간의 교만을 꺾어 겸비하게 한다.
- 하나님에 대한 인간의 전적 의존을 천명한다.
- 재산과 소유를 그 주인에게서 분리한다.
- 지나간 해까지 쌓아 온 것들을 쓸어 버린다.
- 불균형을 평준화하며 회계를 무효화한다.

- 마침, 중단, 방해, 종결을 야기한다.

- 물리계, 물질계와 영계의 연결고리를 드러낸다.

- 물질주의를 반대한다.

- 국가가 물질적 추구에서 벗어나 영적인 것으로 이동하도록 작용한다.

- 교착, 집착, 속박을 풀어 준다.

- 안식을 야기한다.

- 국가가 하나님께 돌아오게 한다.

경제적 현상

- 안식년은 한 나라의 경제계와 특별한 관련을 갖고 특별한 결과를 함축한다.

- 그 영향과 파급효과는 생산, 고용, 노동, 소득, 소비, 유통, 무역 등 모든 경제, 특히 금융 산업 부문으로 확장된다.

- 생산의 중단이나 심각한 감소를 야기한다.

- 노동의 중단이나 심각한 감소를 야기한다.

- 사적 영역이 비대해져 공적 영역보다 커지게 되고, 개인의 소유권이 비대해져 공적 필요를 지배하게 된다.

- 매매와 거래의 심각한 감소를 야기한다.

- 절정의 날이자 면제의 날인 엘룰 월 29일까지 축적된다.

- 한 나라의 재무회계가 변형되고, 무효화된다.

- 채권이 이행되지 않고, 채무가 사라진다.

- 일종의 경제 평균자와 금융 평균자로서 기능하며, 전년까지 축적된 것들을 무효화하고, 불균형을 해소한다.

- 회계를 삭제하고 경제계와 금융계에 자유와 면제를 야기한다.

예언적 현상

안식년은 다음과 같은 국가적 심판의 예언적 표적이다.

- 하나님의 주권을 거절한 나라, 자신들이 '하나님의 주권 아래'에 있는 것으로 보지 않는 나라에 대하여
- 하나님을 그 문화에서 몰아낸 나라에 대하여
- 하나님의 손에서 복을 분리시킨 나라에 대하여
- 의와 하나님을 지나쳐 증가와 번영을 추구한 나라에 대하여
- 본성상 하나의 목적으로 물질적 부나 쾌락을 추구하는 나라에 대하여
- 한때는 하나님을 알았으나 이제는 그분을 잊은 나라에 대하여
- 한때는 하나님의 길을 알았으나 이제는 그것을 거절하는 나라에 대하여
- 특별히 어떤 나라의 복, 번영, 지속을 타격하는 한 나라에 대하여
- 안식년은 모든 복이 하나님으로부터 말미암고, 그분이 없이는 그러한 복이 머물지 못하고 사라질 것을 증거한다.
- 그 나라의 물질주의를 쳐서 증거한다.
- 그 나라의 경제계를 타격한다.
- 그 나라의 재정회계를 무효화한다.
- 그 나라를 겸비하게 하고, 교만과 영광의 대상을 강등시킨다.
- 재산과 소유를 그 나라에서 분리시킨다.
- 마침, 멈춤, 방해, 그리고 종식을 유발한다.

- 사람들 사이에 존재하는 교착, 집착, 속박을 풀어 준다.
- 하나님에 대한 그 나라의 전적 의존을 분명하게 보여 준다.
- 국가적 심판의 특정 타이밍에 대한 열쇠를 쥐고 있다.
- 세속적인 것들과 물질적인 것들로부터 멀어진 나라에 방향을 제시한다.
- 그 나라를 하나님께 돌아오도록 부른다.

전 지구적 현상

안식년은 다음과 같은 광범위한 영역에까지 드러난다.

- 국가 간 경계를 초월하여 삶의 전 영역을 포함하는 전면적이고 글로벌한 규모로 작동한다.
- 경제계와 금융계뿐 아니라 정치계, 문화계, 사회계, 군사계, 심지어 자연계까지 포괄한다.
- 직접적으로는 금융계와 경제계에 영향을 미친다 해도, 그 효과는 완전히 다른 영역의 사건을 동반하거나 유발할 수 있다.
- 대격변의 형태로 나타날 수 있다.
- 재무회계뿐 아니라 물리적 실체 곧 건물, 성벽, 타워, 도시를 쓸어 버릴 수 있다.
- 열국과 열강의 풍경을 바꿀 수 있다.
- 열강의 번영과 몰락에 영향을 미치고 제국의 진로를 결정할 수 있다.

이제 우리는 안식년의 동력과 본질을 국가적 심판의 표적뿐 아니라 일종의 유형과 본보기로 보았다. 그런데 한 가지 질문이 남는다. 고대에 안식년의 중심점은 이스라엘이라는 나라였다. 만약 안식년이 현대세계에 모습을 드러낸다면, 어떤 무대에서 그것이 작동하겠는가? 그런 일은 어디에서 벌어지겠는가?

이 질문에 대답하려면 한 가지 실마리가 더 필요하다.

07
넷째 열쇠 - 신비한 이스라엘

주전 586년을 넘어서

본래의 문맥에서, 안식년은 이스라엘과 관련된다. 이스라엘은 그것을 지키라고 명령받은 유일한 나라다. 그리고 강도는 다르지만, 여전히 그 나라의 지킴이들은 그것을 준수하고 있다. 하지만 우리는 여기서 안식년을 하나의 법규가 아닌 예언적 표적으로 다루고 있다. 특별히 국가적 심판에 대한 경고로서 그렇게 하고 있다.

그러한 예언적 표적은 지금도 어떤 식으로든 주전 586년 고대 이스라엘과 일치되는 그림이나 공유되는 속성이 있는 나라에 주어질 수 있다. 다시 말해서, 그 나라는 아래와 같아야 할 것이다.

- 예언적 경고나 심판이 나타나기에 합당할 만큼 하나님의 길을 무시하는 나라

이 그림은 다양한 범위에서 세계의 많은 나라에 부합할 수 있다. 그 나라가 종교적이든 세속적이든, 아니면 힌두교든 이슬람교든 기독교든 공산주의든 상관없다. 이를 좁혀 좀 더 자세히 묘사해 보자.

- 일찍이 하나님을 알았으나 그분에게서 돌아서고, 그분의 길을 거절한 나라

이 그림은 서구의 몇 나라 곧 형식상 기독교적으로 보이지만 지금은 탈기독교적인 나라와 일치할 수 있다. 계속해서 좀 더 좁혀 보자.

- 하나님의 말씀 위에 세워져서 그분의 목적에 드린 바 되었고, 수립 초기부터 그분의 영광을 위해 성별된 하나의 문명

이제 후보자가 심하게 좁혀진다. 인류 역사 중 오직 두 문명만이 시작되는 순간부터 하나님의 뜻, 말씀, 목적, 영광에 따라 세워지고, 드려지고, 성별되었다고 말할 수 있다. 첫째가 이스라엘이고, 둘째가 미국이다.

미국의 문명은 케이프 헨리, 플리머스, 그리고 매사추세츠 만에서 세워지면서 하나님의 목적에 드려진 바 되었다.

신세계의 이스라엘

여기서 좀 더 나아가 보자.

- 특별히 고대 이스라엘의 패턴에 따라 세워진 문명

미국이 의식적이고 의도적으로 특별히 고대 이스라엘의 패턴에 따라 세워지고 형성된 것을 알게 되면 깜짝 놀랄 것이다. 미국의 국부들은 자신들의 나라를 새 이스라엘, 신세계의 이스라엘로 여겼다. 이 나라는 히브리인들이 애굽을 나온 것처럼 유럽에서 출애굽한 나라였다. 신세계는 그들의 새로운 약속의 땅이고, 매사추세츠 만 식민지는 그들의 새로운 예루살렘이었다.

새로운 미연방 법체제에 청교도들은 모세의 율법을 통합시키고자 했다. 그들은 히브리인들의 안식일 패턴에 따라 쉬는 날을 정했다. 그리고 미국의 공휴일, 추수감사절은 히브리인들의 초막절 패턴에 따라 만들어졌다.

그들은 산의 이름을 이스라엘의 산을 따라 지었다. 길르앗 산, 헤르몬 산, 에브라임 산, 모리아 산, 갈멜 산, 그리고 시온 산이 그렇다. 그리고 마을과 도시를 여리고, 요단, 살렘, 가나안, 고센, 헤브론, 브엘세바로 불렀다. 또한 자신들의 자녀를 여호수아, 라헬, 에스라, 스가랴, 에스더, 예레미야로 불렀고, 그 외에 다른 많은 것들도 고대 이스라엘 사람들을 따라 명명했다.

심지어 그들은 학교와 대학에서 히브리어를 가르쳤다. 예일대학 인장은 대제사장 흉패에 든 히브리어다. 콜롬비아대학 인장은 하나님의 고대 이름이다. 다트머스대학의 인장은 '전능하신 하나님'으로 번역되는 히브리어다.

고대 이스라엘과 미국의 연결고리는 그 나라의 정체성을 견고하게 지지해 주었다. 다양한 형태로, 의식적으로든 무의식적으로든 출범 때부터 계속 그랬다. 그것은 미국의 독립 시기에 매우 명백하게 드러났다. 당시 벤자민 프랭클린은 새로운 나라의 국새가 모세가 홍해를 가르는 이미지여야 한다고 제안한 반면, 토마스 제퍼슨은 이스라엘 백성이 광야를 행진하던 모습으로 하자고 제안했다.3)

두 나라의 연관성은 매우 독특하고, 깊으며, 본질적이다. 고대 이스라엘의 패턴이 미국 문명의 DNA 속에 새겨져 있다. 그것은 미국이 자라난 뿌리 안에 들어 있다. 한 증인은 이렇게 썼다.

> 역사상 매사추세츠 만 식민지 초기 정착자들만큼 자신들의 삶에 성경에 펼쳐진 히브리 국가가 문자적으로 재연되어야 한다고 믿으며 성경의 사람들(이스라엘)과 동일시한 기독교 공동체는 없었다.4)

현대세계에서 미국만큼 고대 이스라엘과 깊숙이 연결된 나라는 없다. 그러므로 지구상에서 미국만큼 안식년 신비의 출현이 어울리는 무대도 없다. 그런데 이스라엘과의 연관성이 그 신비가 나타나기 위해 필수적일까? 아니다. 하나님이 어느 나라에나 국가적 심판에 대해 경고하실 수 있는 것처럼, 그것은 어느 나라에나 나타날 수 있다.

미국의 국가적 심판에 대한 성경적 표적이 주어지는 데 반드시 고대 이스라엘과의 특별한 연관성이 필요한 것은 아니다. 하지만 이스라엘에 심판을 경고하기 위해 사용된 표적이 미국에 경고하기 위해 사용된 표적과 똑같다는 것이 미국이 고대 이스라엘과 깊은 연관성을 갖고 있다는 점을 좀 더 분명하게 만들어 준다.

고대 이스라엘의 멸망

그러나 핵심적인 요인은 여전히 오리무중이다. 어째서 안식년의 표적, 심판에 대한 고대의 전조가 제일 먼저 미국에 주어지는 것일까? 답은 미국이 탄생하기 수천 년 전에 시작된 변질 안에 있다.

이스라엘은 고대에서도 독특한 나라였다. 어떤 나라도 하나님의 목적과 약속에 그렇게 직접적으로 연결된 적이 없었다. 시내 산에서 이스라엘에 주어진 것 같은 거룩한 계시를 받은 나라는 없었다. 어떤 나라도 이스라엘처럼 국가의 진로에 하나님의 손이 그렇게 직접적으로 영향을 미친 적이 없었다. 그리고 어떤 나라도 국가적 차원의 언약으로 하나님과 연결된 적이 없었다.

그런데 복의 절정에서 변질이 시작되었다. 이스라엘은 자신들의 기초인 하나님에게서 등을 돌리기 시작했다. 그 변화가 처음에는 미미했지만, 시간이 지남에 따라 점점 더 노골적이고 뻔뻔해졌다. 의식적이든, 무의식적인 포기든 백성들은 그들의 삶, 문화, 정부, 교육에서 하나님을 몰아내기 시작했다. 그들은 하나님 대신 우상과 이방신들, 그리고 그분의 길 대신 그들을 둘러싸고 있던 이방의 길을 좇았다.

그들은 옳고 그름을 재규정하여 새로운 도덕으로 옛것을 대체했다. 그들은 악을 '선'이라고 부르고, 선을 '악'이라 불렀다. 한때 기념하던 것을 이제는 정죄했고, 한때 경배하던 것을 이제는 욕했다. 다른 한편, 한때 정죄하던 것을 이제는 기념했고, 한때 욕하던 것을 이제는 경배했다. 그들은 점점 정욕적이고 물질적이며 성적으로 부도덕하고 방종해졌으며, 문화도 더욱 음란하고 천박해졌다. 그러면서 그들을 둘러싼 여러 나라가 그랬던 것처럼, 그들의 자녀를 새로운 신들의 제단 위에 희생제물로 바치기 시작했다.

그러한 가운데 도덕적·영적인 배도에 함께하기를 거절한 이들, 곧 여전히 하나님과 그분의 길에 신실한 이들은 주변부로 밀려나 조롱과 비방을 받으며 마침내는 박해를 당했다. 하나님의 목적을 이루는 그릇으로 존재하게 된 나라가 그 반대의 길을 걷게 되면서, 문명이 자기 무덤을 파고 자체의 기초를 거슬러 하나님과 맞서게 된 것이다.

이것이 국가적 심판에 대한 경고, 표적, 징조가 나타난 나라의 배경이고 무대다. 그리고 그중 하나가 안식년의 표적이다.

두 번째 이스라엘의 몰락

미국은 어떤가? 그렇게도 독특하게 그 기초부터 고대 이스라엘과 밀접하게 연결된 문명에 어떤 일이 벌어졌는가?

미국의 국부들은 새 문명이 하나님의 길을 따르는 만큼, 이스라엘의 복을 받게 될 것이라고 예언했다. 그리고 그들이 예언한 대로 이루어졌다. 미국은 지구상에서 가장 큰 복을 받은 나라가 되었다. 20세기까지 미국은 지구상에서 가장 풍요롭고, 안전하고, 위엄 있고, 강력한 나라였다.

하지만 그 힘의 정점에서, 그리고 그 번영의 절정에서 변질이 시작되었다. '신세계의 이스라엘'은 고대 이스라엘의 배도와 멸망을 재연했다. 미국은 그들의 기초이신 하나님에게서 돌아서면서 파국으로 치닫기 시작했다.

처음에는 변질이 미미했지만, 시간이 지나면서 점점 더 노골적이고 뻔뻔해졌다. 고대 이스라엘이 그랬던 것처럼, 미국도 그들의 삶, 문화, 정부, 공공의 영역에서 하나님을 제거하기 시작했다. 교육 현장에서 기도하는 것과 성경 읽는 것을 금했다. 하나님의 말씀을 가르치려는 목적으로 존재하게 된 학교들이 그 말씀을 금서로 취급했다. 그리고 사람들의 일상과 문화에서 하나님의 임재를 제거하면서, 그 빈 공간을 우상들로 채우고 자기 욕망에서 비롯된 신들을 만들었다.

고대 이스라엘이 그랬던 것처럼, 미국은 점점 옳고 그름을 재규정하기 시작했고, 새로운 도덕으로 옛것을 대체했다. 이제 미국은 악을 '선'이라 부르고, 선을 '악'이라 부르게 되었다. 한때 기념하던 것을 이제는 정죄하고, 한때 기념하던 것을 이제는 욕한다. 다른 한편, 한때 정죄하던 것을 이제는 기념하고, 한때 욕하던 것을 이제는 경배한다. 미국의 문화는 점점 더 정욕적이고 물질적이며 음탕하고 방종적으로 변질되었다.

미국은 국부들이 기대한 '세상의 빛'이 되기보다 이제 세계를 포르노로 물들이고 있다. 그리고 이스라엘이 자신들의 자녀들을 새로운 신들의 제단 위에서 죽였던 것처럼, 미국은 아직 태어나지도 않은 수백만의 자녀들을 쾌락과 안락의 제단 위에서 죽였다. 거기에 가담한 이들의 손은 피로 물들었다.

그러한 도덕적·영적 배도에 함께하기를 거절한 미국 내의 사람들, 즉 여전히 하나님과 그분의 길에 신실한 이들은 이제 새로이 배교한 문화의 주변부로 점점 밀려나고, 미디어에서 조롱을 당하고, 공적 담론에서 비방을 받고, 점차로 박해의 위험에 놓이게 되었다.

국부들이 하나님의 목적을 위한 그릇으로 바친 미국이 이제는 그 반대로 변질되었다. 문명이 자기 무덤을 파고 자체의 기초를 거슬러 하나님과 맞서 싸우게 되었다.

미국을 세운 이들은 국가의 장래와 관련해 축복뿐 아니라 경고도 예언했다. 그것은 미국이 하나님을 떠나 돌아서면, 고대 이스라엘에 임한 것과 같은 심판이 미국에도 임한다는 것이다.[5] 고대 이스라엘 말기에 나타난 징조들과 동일한 것들이 미국에 나타나고 있는 것은 그들의 예언과 일치한다.

안식년과 국가들

고대 이스라엘과 독특하게 연결된 한 문명이 이제 심판 받고 멸망한 그 고대 국가와 동일한 배도를 행하고 있다. 한때 하나님을 알았던 그 나라가 이제는 그분을 멀리 떠났을 뿐만 아니라, 거역하기까지 했다. 이것은 고대에 안식년의 심판을 부르는 시나리오였다.

이에 더해 나라들 가운데 차지하는 미국의 지위가 있다. 오늘날의 미국은 세계사 무대의 중심을 차지하고 있다. 지구상 가장 강력한 경제, 금융, 군사, 정치, 그리고 문화 권력을 점유해 왔다. 그것만으로도 신비와 관련된 중심 자리를 미국에 부여할 수 있다.

이처럼 고대의 신비가 미국을 중심으로 드러나긴 해도, 그것이 전부는 아니다. 심판 문제와 이 책에 적시된 특정 심판은 아래의 몇 가지 이유로 인해 모든 나라 및 사람들과 관련된다.

- 첫째, 미국이 가지고 있는 현실적 중심성, 즉 정치, 경제, 사회문화적 파급력 때문에 미국에서 일어난 일은 나머지 세계에도 영향을 미친다.
- 둘째, 고대 이스라엘의 죄를 반영하고 있는 죄와 부도덕은 미국을 넘어 많은 나라들에서도 만연하고 있다.
- 셋째, 한때 하나님의 길을 알았지만 지금은 반항과 배도의 길을 걷는 문명에 대한 심판의 전반적 배경은 미국을 넘어 다른 여러 나라와 공유된다.
- 넷째, 안식년이 특정한 나라들에 초점을 맞춘다고 해도, 그 영향은 광범위하여 지리나 경계를 초월한다.

안식년에서 비롯된 신비가 미국에 영향을 끼치겠지만, 그것은 미국

에 국한되지 않을 것이다. 그 결과와 파급효과는 전 세계에 미칠 것이다. 이 신비의 정확한 행방을 찾기 위해 마지막 한 가지 실마리로 그것과 관련된 시간을 확인할 필요가 있다.

08
다섯째 열쇠 - 티슈리 월과의 연결고리

가장 거룩한 달

성경의 유대력에서 가장 거룩한 달은 티슈리 월이다. 양력으로 티슈리 월은 9월과 10월 사이에 해당한다. 티슈리 월은 매우 신성한 달이며, 그중 10일은 '대성일'로 알려져 있다. 유대력의 매달month은 새 달moon의 낮이나 밤에 시작된다. 하지만 티슈리 월은 너무 신성해서 그것이 시작되는 날 자체가 대성일이다. 유대력의 대부분의 달에는 시내 산에서 성일로 지정된 날들이 하나도 포함되어 있지 않다. 하지만 티슈리 월에는 (적어도 거룩한 것으로 간주되는 또 다른 9일을 포함시키지 않는다 해도) 그중 10일이 들어 있다.

티슈리 월 종교력의 일곱째 달 – 민간력의 첫째 달

나팔절	대성일	대성일	대성일	대성일	대성일	대성일	대성일	대속죄일					초막절	초막절	초막절	초막절	초막절	초막절	초막절	여덟째 날							
1	2	3	4	5	6	7	8	9	10	11	12	13	14	15	16	17	18	19	20	21	22	23	24	25	26	27	28	29	30

앞에서 언급한 이유로 성경에서 한 해 중 티슈리 월과 같은 달이 없다. 여기에 담긴 주제, 의미, 메시지는 무엇일까?

심판의 때

랍비들은 티슈리 월과 가을 대성일을 하나님의 왕권, 그분의 통치, 권세, 주권, 그리고 다스림의 집약으로 보았다. 나팔절(새해를 기념하는 유대교 4대 절기 중 하나 – 역자 주)에 울리는 쇼파르(양각나팔) 소리는 세계, 나라, 백성의 삶에 대한 왕과 주권자로서의 주를 선포하는 소리였다.

티슈리 월은 또한 심판의 때로 알려져 있다. 그것이 열리는 날 곧 초막절은 '욤하딘'Yom Ha Din, 혹은 '심판의 날'로 알려져 있다. 초막절 동안에 울려 퍼지는 쇼파르 소리는 단지 성회에 대한 것뿐 아니라 경고, 위험의 징조, 임박한 심판에 대한 경고이기도 하다. 티슈리 월은 결산하는 달로, 그 기간에 나라 전체가 하나님 앞에 서게 되고 죄가 처리된다.

테슈바의 시기

다가오는 심판과 관련해서 보면, 티슈리 월은 회개의 달이 된다. '경외의 10일'과 함께 그 달이 시작되는데, 그것을 '테슈바의 날'이라 부른다. 테슈바Teshuvah는 '회개'에 해당하는 히브리어다. 이 단어는 '돌아오다'라는 뜻의 히브리어 '슈브'shuv의 어근에서 파생되었다. 경외의 날들은 인생의 진로를 돌이키고, 용서하고 용서받고, 죄를 회개하고, 세속적인 추구를 멀리하고, 하나님과 바르게 될 필요가 있는 것들은 무엇이든 하려는 목적으로 주어졌다.

안식년과 티슈리 월의 관계

티슈리 월의 주제는 안식년의 주제에 상응하는데, 두 가지 모두 하나님의 주권에 관해 말한다. 둘 다 심판과 연결되어 있으며, 하나님께 돌아오라고 부른다. 또한 이 둘은 모두 무효화, 취소, 그리고 자유와 연결되어 있다. 하나는 죄에 관련되고, 다른 하나는 빚에 관련된다. 안식년은 일곱째 해이며, 티슈리 월은 일곱째 달이다.

시작과 끝

고대 이스라엘은 두 가지 다른 달력, 종교력과 민간력으로 시간을 계산했다. 주로 종교 행사들을 지키기 위해 사용된 종교력은 봄 곧 니산 월에 시작된다. 종교력에서 티슈리 월은 일곱째 달이다. 하지만 일상 생활과 관계가 깊은 민간력에서 티슈리 월은 첫째 달, 곧 신년의 시작이다. 어째서 이것이 중요한 것일까?

엘룰 월과 티슈리 월 엘룰 월 – 신성한 해의 여섯째 달

엘룰 월												티슈리 월									
회개의 날	회개의 날	회개의 날	회개의 날	회개의 날	회개의 날	회개의 날	회개의 날	회개의 날	회개의 날	회개의 날	회개의 날	나팔절	대성일	대성일	대성일	대성일	대성일	대성일	대성일	대성일	대속죄일
18	19	20	21	22	23	24	25	26	27	28	29	1	2	3	4	5	6	7	8	9	10

안식년은 민간력에 기반한다. 따라서 안식년은 늘 티슈리 월 1일에 시작되는데, 그날은 나팔절이다. 한 해 뒤 안식년은 엘룰 월 29일 일몰에 끝난다. 하지만 엘룰 월 29일이 끝나는 그 시각에 티슈리 월이 시작

된다. 이처럼 안식년은 티슈리 월이 시작되는 때에 끝난다.

따라서 티슈리 월은 안식년의 핵심이며 중심축이 되는 달이다. 안식년은 여섯째 해 끝 티슈리 월에 시작하고 일곱째 해 끝 티슈리 월로 마무리된다. 이처럼 티슈리 월은 안식년의 시작과 끝이다.

티슈리 월과 안식년

안식년의 지대한 영향력은 두 지점 곧 그 시작과 끝에 나타나며, 각각의 지점은 티슈리 월과 일치한다.

안식년이 영향을 주는 첫째 지점은 일곱째 해의 시작인 티슈리 월 1일이고, 둘째 지점은 모든 채무와 채권이 무효화되는 일곱째 해의 끝날이다. 일곱째 해의 정확한 끝은 엘룰 월 29일 해 질 녘이다. 따라서 일몰 순간에 모든 채무와 채권이 사라지고 무효화된 것으로 계산된다. 바로 엘룰 월이 끝나고 티슈리 월이 시작되는 때에 말이다.

엘룰 월은 안식년이 영향을 주는 중요한 두 지점까지 포함하면서 안식년의 절정을 담고 있다. 이렇게 중요한 변화의 두 지점을 즉각 뒤좇을 티슈리 월은 안식년의 경제 및 금융 파급효과를 가장 분명하게 보여 준다.

첫째 영향 티슈리 월과 안식년의 시작

안식년의 시작은 그 끝보다는 덜 극적인데, 주된 변화가 중단되기 때문이다. 이때 사람들은 땅에서 하던 일을 멈추고, 밭들은 휴경에 들어간다. 땅에 대한 이런 조치가 어떤 영향을 미칠지 처음에는 거의 알 수 없겠지만, 점차로 시간이 지나면서 알아볼 수 있게 된다. 밭에서 아무것도 거둬들이지 못할 때 그럴 것이다.

오늘날의 경제용어로 이는 한 나라의 경제폭락의 시작으로 나타날 것이다. 즉 생산, 소비, 노동, 고용, 통상, 거래의 감소로 말이다. 안식년의 시작인 티슈리 월은 우선 이러한 변화를 반영해 그 효과를 나타낼 것이다. 그리고 경제계의 하락세는 시간이 지나면서 더욱 분명해질 것이다.

엘룰 월 29일 일몰 시, 재무회계가 일소되면서 나라의 모든 채무가 변제된다. 그리고 그 순간은 티슈리 월의 시작이다. 따라서 안식년 끝에 오는 이 특정한 티슈리 월은 가장 뚜렷하게 그 해와 그날의 재정적 파급효과의 규모를 보여 준다.

안식년의 흔적 – 파급 기간

면제의 날에 시작된 파급효과는 이후의 티슈리 월에 극적으로 가장 잘 나타나겠지만, 거기에 국한되지는 않을 것이다. 파급효과는 이어지는 헤쉬반 월과 그 이후에도 계속될 것이다. 따라서 일곱째 해 끝 가을 내내 안식년의 흔적이 나타나고, 이때 그 파급효과가 가장 강렬하게 느껴질 것이다.

안식년의 흔적

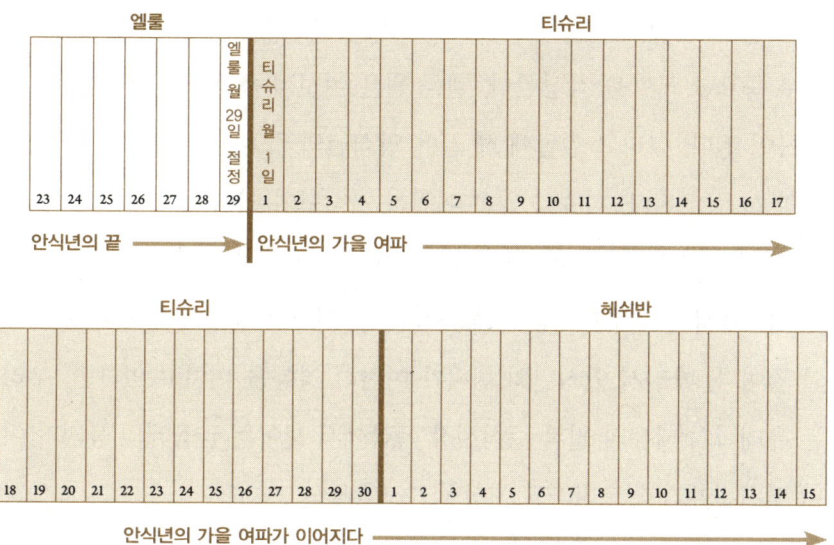

이것을 넘어서 어떤 것도 그 파급효과를 한 시기로만 한정할 수 없을 것이다. 그것은 겨울에도 계속되고 이듬해 봄에도 그리고 이후로도 계속될 것이다. 하지만 안식년의 극적인 결론을 따르는 그 가을, 면제의 날에 가장 가까이 있는 그 시기에 이러한 파급효과가 가장 두드러지게 나타날 것이고, 그중 티슈리 월이 현저할 것이다.

엘룰 월 – 앞서가는 달

우리는 또한 엘룰 월을 눈여겨보아야 한다. 엘룰 월 역시 안식년에서 매우 중요한 역할을 감당한다. 엘룰 월은 여섯째 해 끝에 안식년 개시의 서곡이 된다. 그리고 일곱째 해 끝에 안식년의 극적인 끝, 곧 엘룰 월 29일의 서곡이 된다. 티슈리 월은 여전히 안식년의 열쇠가 되는 달로 남겠지만, 엘룰 월은 그에 앞서 안식년의 신비를 풀어 내는 역할을 담당한다.

한 나라의 재무회계를 무효화하는 그 사건은 금융계의 붕괴로 나타날 것이다. 따라서 안식년의 신비가 여전히 영향을 미치고 있다면, 우리는 유대력의 티슈리 월과 주식시장 폭락에서 보이는 금융계의 붕괴가 어떤 연관관계가 있으리라고 예상할 수 있다.

실제로 그러한 연관관계가 존재할 수 있을까? 3천 년도 더 된 고대의 신비가 현대에 작동하면서 심지어 세계 금융시장의 운명을 좌우할 수 있을까?

- 이제 5개의 열쇠로 고대의 신비를 풀어 보자.

3부
안식년의 비밀과 대격변의 열쇠

09
비밀의 흔적

들판의 선지자

두 남자가 광활하게 펼쳐진 벌판 한가운데 서 있다. 바람은 밀 이삭을 훑으며 계속해서 빛과 어둠을 만들어 냈다. 둘 중 한 사람 곧 누리엘이라는 남자는 고대의 신비를 풀기 위해 답을 찾고 있었다. 짙은 색의 긴 코트를 걸친 다른 남자 '선지자'라는 이는 누리엘이 하는 일을 돕고자 했다. 그 선지자는 안식년이라 불리는 고대의 규례에 관해 누리엘과 나누기 시작한다.

이 장면은 《징조》에서 발췌한 것이다. 이야기를 나누는 동안 누리엘은 두 번째 비밀을 암시하는 질문을 그 선지자에게 던진다. 대부분의 독자들은 두 사람이 주고받은 내용이나 그것이 함축하고 있는 바를 놓쳤을 수도 있다. 그들이 주고받은 말이 몇 줄밖에 안 되기에 그럴 수밖에 없었을 것이다.

> "얼마 만에 한 번씩 돌아가는 거죠?" 내가 물었다. "과거에는 7년에 한 번씩 돌아갔는데, 미래에는 어떻게 될까요?"
>
> "그 주제는 다음으로 미루죠." 그가 말했다. "지금 핵심은 심판의 표적으로서의 안식년입니다."[6]

선지자는 방금 누리엘에게 고대의 신비가 현대에 재현되고 있으며, 그것이 2001년과 2008년 그리고 심판의 9가지 징조와 연결되어 있다고 말했다. 그러자 누리엘은 선지자에게 그 신비와 현상이 시간을 거스르거나 미래로 확장될 수 있는지 물었다.

나는 그 신비와 관련된 완전히 다른 영역이 존재하고, 그것이 너무 방대해서 그들의 대화에 포함시키지 못했음을 알리기 위해 《징조》의 내용을 발췌했다. 그 선지자는 누리엘에게 이렇게 대답했다. "그 주제는 다음으로 미루죠"(여기서 말하는 다음이 바로 지금이다).

규례 VS 예언적 표적

이 땅에 징조가 나타나기 이전부터 계속 안식년의 신비가 현대세계에서 작동되어 온 것일까? 그것이 개별 국가들의 역사와 세계사의 진로에 영향을 미쳐 온 것일까? 그리고 현대의 중심축이 되는 몇몇 사건들의 배경이 될 수 있을까?

이에 답하기 위해 우리는 안식년의 규례와 예언적 표적으로서의 안식년을 구별해야 한다. 오직 이스라엘만 안식년을 일종의 규례로 지키도록 강제되었다. 일종의 규례로서의 안식년은 한 나라에만 적용된다. 하지만 예언적 표적으로 안식년은 어느 나라에도 적용될 수 있다.

하나의 규례로서 안식년은 규칙적으로 매 일곱째 해에 온다. 그러나 표적으로서 안식년은 어떤 시간표나 규칙에 매이지 않는다. 하지만 그것이 나타나는 때에 안식년의 본질 그리고 그 영향과 신비를 하나의 표적 형태로 보여 줄 것이다.

안식년의 흔적 찾기

안식년은 가장 직접적으로 한 나라의 경제계 및 금융계에 영향을 미치고 또 작동한다. 그래서 만일 그 신비가 여전히 영향을 미치고 있다면, 이 두 영역에서 가장 명확하게 드러날 것이다. 그러므로 우리는 현대세계와 국가들의 경제계와 금융계, 특히 금융산업 내부와 거시적 경제위기, 경기하락, 경기불황, 경기침체, 주식시장 붕괴와 폭락을 면밀히 조사해야 한다.

우리가 안식년을 명령, 율례, 규례가 아닌 예언적 표적으로 다루고 있기 때문에 그 현상이 반드시 일곱째 해마다 일어나는 것으로 보지는 않는다. 그보다는 그것이 규칙적 현상은 아니지만 독특한 현상일 것으로 예상한다. 또한 그 연관관계가 공식과 같이 간단할 것으로 기대하지 않는다. 그리고 모든 경기하락이 그 현상과 연관되어야 한다고 생각하지도 않는다. 이제 현대의 경기하락, 폭락, 침체를 살펴보고, 그것들이 고대 신비의 흔적을 보여 주는지 알아보겠다.

배도의 땅

주전 586년 예루살렘 멸망의 경우, 안식년은 하나님을 떠나 도덕적·영적으로 배도한 한 나라에 대한 예언적 표적으로 나타났다. 이는 우리가 성경적 기초에서 떠나 버린 나라와 문화를 향하도록 지시한다. 우리는 앞에서 미국이 고대 이스라엘과 특별한 연관이 있으며, 그 패턴을 따라 형성되고 세워진 것을 보았다. 그러므로 글로벌한 큰 그림, 그리고 여러 국가들을 보는 한편, 특별히 미국을 주목할 것이다.

우리가 기억해야 할 것은 안식년이 국가적 심판뿐 아니라 축복과도 연결되어 있다는 점이다. 표적은 한 나라가 흥하는 시기에 나타날 것이다. 하지만, 만일 그 나라가 하나님에게서 떠나고, 나라가 세워진 기초에서 떠나게 되면, 안식년의 표적이 점점 심판의 경고로 나타날 것을 예상할 수 있다.

실마리

이제는 현대세계의 금융 및 경제 붕괴의 발생과 아래 사이에 어떤 연관이 있는지 살펴볼 것이다.

- 7년 주기
- 성경적 안식년의 특정한 7년 주기
- 특정한 7년 주기의 일곱 번째
- 유대력의 티슈리 월
- 금융 및 경제 붕괴, 안식년과 만나는 유대력의 티슈리 월
- 일곱째 해의 끝을 봉인하는 가을 이후
- 안식년에 이어지는 유대력의 티슈리 월
- 안식년 절정의 끝에 이어지는 유대력의 티슈리 월
- 유대력의 엘룰 월 또는 가장 강력한 영향을 미치는 지점과의 인접성
- 티슈리 월이 끝나는 데서 시작하는 유대력의 헤쉬반 월

이러한 열쇠들을 사용해 이제부터는 세계사의 이면을 열어 오늘날의 가장 큰 경제 및 금융 붕괴를 살펴보고, 그 가운데 고대의 신비의 흔적이 나타나는지 살펴볼 것이다.

10
7건의 폭락

대폭락

만일 우리가 주식시장 역사상 최장기 폭락이나 붕괴를 조사하면 어떤 일이 일어날까? 이런 일들은 일반적으로 경제위기나 경기침체와 연결된다. 만일 고대 성경의 신비가 현대 경제의 침체와 국가 재정의 무효화를 가져오고 이것이 최악의 경제 붕괴를 일으키는 흐름을 만든다면, 어떤 일이 일어날까?

다음은 역사상 최장기 주식시장 폭락의 주요 예들로, 정렬된 순서는 폭락 규모가 큰 순서다.

2000-2001년의 폭락 닷컴 버블과 9/11

이 주식시장 붕괴는 2000-2001년 실리콘밸리를 중심으로 한 IT산업에 대한 거품(닷컴 버블)이 꺼지면서 시작되었다. 그 후 9/11이 터져 월스트리트를 마비시켰고, 이후 더욱 악화되었다. 붕괴는 2002년까지 지속되었다. 그것이 끝날 때까지 주식시장의 37퍼센트 이상이 소실되었다.

2000-2001년의 폭락과 안식년 사이에는 어떤 연관이 있는가?

안식년은 7년에 한 번 온다. 새 천년의 첫 안식년은 2000-2001년 닷컴 버블의 해, 심해지는 경기침체, 9/11 테러, 그리고 역사상 주식시장 최대 폭락의 날에 찾아왔다. 안식년은 전면적 금융 붕괴와 경제 붕괴를 일으키며 일어났다. 따라서 2000-2001년 폭락과 안식년은 100퍼센트 겹친다.

1916-1917년의 폭락 제1차 세계대전

'1916-1917년 위기'로도 알려진 이 주식시장 폭락은 제1차 세계대전 기간에 일어났다. 그것은 1916년 11월에 시작되어 1년이 지난 1917년 겨울에 최저점을 찍었다. 1916-1917년 폭락 기간의 부족분은 혹독하게 보전되었고, 그 끝자락에 시장의 40퍼센트가 소실되었다.

1916-1917년 폭락과 안식년 사이에는 어떤 연관이 있는가?

제1차 세계대전 중에는 한 차례 안식년이 있었는데, 바로 1916-1917년 폭락과 동일한 시기에 찾아왔다. 안식년은 1916년 9월에 개시되었는데, 시작된 지 2개월 만에 주식시장이 붕괴되었다. 안식년은 면제의 날인 1917년 9월에 정점을 찍었고, 3개월이 지난 뒤 붕괴가 종식되었다. 안식년은 12개월 중 10개월 동안의 경제 붕괴와 일치하여 80퍼센트 이상 겹친다.

1973년의 폭락 복합적 위기의 충돌

이것은 통화위기로 시작되어 1973년 석유파동과 다양한 대내외적 위기들과 뒤섞였고, 마지막에는 시장의 45퍼센트가 소실되었다. 1972년부터 1974년까지 2년 만에 미국 경제의 실제적인 국내총생산GDP 성장률은 7퍼센트에서 마이너스 2퍼센트까지 하락하였다. 동시에 인플레이션(통화팽창)은 1972년 3퍼센트 비율에서 1974년 12퍼센트까지 솟구쳤다. 영국의 폭락 효과는 더 극적이어서 런던증권거래소에서는 74퍼센트에 달하는 가치가 빠졌다가 1987년에야 동일 시장 수준으로 회복되었다. 실질적으로 측정해 보면, 미국이 이 붕괴로 손실된 수준을 회복하는 데 20년이 걸렸다.

1973년 폭락과 안식년 사이에는 어떤 연관이 있는가?

안식년은 1972년 말에 시작되어 그 과정 대부분은 1973년에 일어났다. 당시 안식년 개시 후 4개월 만에 주식시장이 붕괴되기 시작했다. 안식년의 정의와 결과 중 하나는 그것이 국가의 생산을 감소시킨다는 것이다. GDP는 한 국가의 국내생산이나 생산량을 나타내는데, 1972-1973년의 안식년이 되자 국내총생산이 떨어지기 시작하더니 붕괴 마지막에는 70퍼센트까지 떨어졌다. 안식년은 12개월 중 66퍼센트가 넘게 겹치는 8개월 동안 금융계의 폭락을 동반했다.

1901-1903년의 폭락 거인들의 투쟁

1901-1903년의 폭락은 북태평양철도 재무통제권을 획득하기 위한 해리먼, 쉬프, 모건의 싸움으로 야기되었다. 이 일은 엄청난 손실을 가져와 큰 위기를 초래했는데, 때로 '1901-1903년 공황'이라 불리기도 한다. 종국에는 시장의 46퍼센트가 소실되었다.

그 폭락 과정과 중심에 1902년 9월에 시작되어 1903년 9월 21일에 끝난 성경의 안식년이 있다. 그 안식년이 끝난 후 2개월이 못 되어 붕괴가 종식되었다. 안식년 전체 과정은 그 붕괴 안에서 발생했고, 100퍼센트 겹친다.

다음의 세 폭락은 현대사에서 최장기 주식시장 붕괴로 여겨진다.

1937-1938년의 폭락 대공황의 경기침체

1937-1938년의 폭락은 '대공황의 경기침체'로 불렸다. 1937년 초반

까지 미국 경제는 생산, 임금, 소득 영역에서 대공황 이전 수준으로 회복했다. 하지만 1937년 봄이 되자 경기가 하락세로 돌아서더니, 그 추세가 1938년에도 상당 기간 지속되었다. 그것은 미국의 주식시장과 경제를 대공황 시절 이후 볼 수 없었던 수준으로 되돌려 놓았다.

1937-1938년의 폭락과 안식년 사이에는 어떤 연관이 있는가?

1937-1938년은 안식년과 동일한 기간이다. 경기하락은 안식년이 다가오던 1937년 3월에 시작되었다. 안식년의 실제 개시일은 1937년 9월 6일이었는데, 안식년이 시작된 바로 그날 월 스트리트가 붕괴되었다. 이후 9개월 동안 경기침체가 지속되어 미국의 제조업 고용은 1/4까지, 산업생산량은 1/3까지, 주식시장은 1/2까지, 그리고 소득수준은 3/4까지 떨어졌다. 1937년 6월까지 4백만 명의 노동자가 일자리를 잃었다.

주식시장 하락은 안식년 초기 절반과 겹쳤고, 주식시장 폭락은 안식년 직후에 시작되었다. 안식년은 6개월 또는 그 기간의 50퍼센트의 금융 붕괴와 겹치며, 9개월 기간 또는 75퍼센트의 경제 붕괴와 겹친다. 경제급락은 전적으로 안식년 변수 내에서 발생했다.

2007-2008년의 폭락 경기대침체

2007-2008년의 폭락은 '경기대침체', '글로벌금융위기', 그리고 '제2차 대공황'으로 알려져 있다. 그 일은 대공황 이후 최악의 금융위기로

미국 달러 수조를 날려 버리면서 몇몇 주요 금융기관이 붕괴될 위기에 놓였고, 유럽의 국가부채 위기를 시작으로 2009년까지 지속될 글로벌 경기침체를 촉발했다. 마지막에는 주식 시장 절반 이상이 소실되었다.

2007-2008년 붕괴와 안식년 사이에는 어떤 연관이 있는가?

주식시장은 수년 동안 지속적인 팽창 시기에 있었으나 2007년 9월 안식년 개시 후 30일이 못 되어 추세가 변하기 시작했다. 그때부터 주식시장이 붕괴되기 시작했다.

안식년은 1년 후인 2008년 9월 절정에 다다랐고, 폭락은 같은 달 최고 강도로 일어나 파급효과가 이듬해 봄까지 지속되었다. 이로 인해 고대의 면제와 경기대침체가 동시에 발생했다. 경기대침체와 안식년은 100퍼센트 겹친다.

1930-1932년의 폭락 대공황

1930년에 시작되어 1932년까지 지속된 장기폭락 곧 대공황은 현대사에서 최악의 경제 및 금융위기로 여겨질 것이다. 1929년 대형 주식시장은 폭락 후 상승세로 돌아섰다. 사실상, 주요 폭락 후 6개월이 지나면서 주식시장은 1929년 초반 수준으로 돌아왔다. 그런데 1930년에 또 다른 하락세가 시작되는데, 이번에는 세계 무역 붕괴를 수반했다. 그럼에도 시장은 결국 안정되었다. 하지만 1931년 4월에 다시 하락세가 시작되어 세계를 대공황의 늪에 빠뜨렸다. 마지막 1932년 7월, 시장에서 소실된 총액은 86퍼센트였다. 1954년이 되어서야 시장이 폭락 이전 수준으로 회복되었다.

1930-1931년은 대공황의 늪에 몇 가지 주요 이벤트와 계발이 도입되던 시기로 기록되었다. 1930년에 또 다른 주식시장 붕괴에 이어 스무트-홀리법 Smoot-Hawley Tariff Act이 7월 중순에 통과되었는데, 그것이 세계무역 붕괴를 야기하며 주식시장 폭락을 더욱 부채질했다. 세계경제는 1930년 후반까지 심하게, 하지만 서서히 악화되기 시작했다.

그럼에도 1931년이 더욱 중심축이 되는 것으로 판명되었다. 그 해는 '대공황을 심화시킨 해'로 불렸다. 1931년 4월, 더 길고 느린 폭락이 시작되어 월 스트리트가 세기의 최저점으로 곤두박질쳤다. 1931년은 또한 악성 디플레이션(통화수축)이 시작된 해로, 이것이 미국과 세계경제를 마비시켰다.

대공황과 안식년 사이에는 어떤 연관이 있는가?

1930-1931년에 발생한 일이 없었더라면 회복이 지속되었을 것이고, 그러면 '대공황'을 피할 수도 있었을 것이다. 하지만 안식년이 찾아왔다. 안식년은 1930-1931년에 일어났다.

좀 더 자세히 말하면, 안식년은 1930년 말에 시작되었고 같은 시기에 세계경제가 서서히 악화되기 시작했다. 1931년 4월, 안식년 중간에 주식시장이 장기폭락을 시작해서 20세기 역사상 최저점을 찍으며 월 스트리트를 대공황의 늪에 빠뜨렸다.

일곱째 해는 안식년의 금융 파급효과가 나타나는 달, 곧 티슈리 월이 다가오면서 그 절정에 다다랐다. 1931년 9월 19일, 엄청난 사건이 금융계에 발생했다. 대영제국이 자체적으로 유지하던 통화체제의 국제적 표준을 폐기하기로 결정한 것이다. 그 결정이 전 세계적 혼돈을 야기하고 주식시장 역사상 월간 최대 비율의 하락을 촉발하면서 세계를 대공황의 늪에 빠뜨렸다.

이러한 금융 격변은 언제 일어났는가? 그 일은 7년에 한 번 있는 티슈리 월 14일, 안식년의 금융 파급효과가 발생하는 그 달, 그 절정의 가을 이후에 발생했다.

고대의 안식년과 대공황은 동시에 진행되었다. 안식년은 완전히 대공황 안에 또 그 중심부에 있었다. 안식년과 대공황은 100퍼센트 겹친다.

현대사 최대의 폭락 배후에 있는 고대의 신비

주식시장 역사상 주요 최대 장기폭락을 살펴보면서 놀라운 사실을 발견했다. 다수는 고대의 안식년 시기를 따라서 발생하였으며, 그 연관성 또한 적지 않았다는 것이다. 안식년과 주식시장의 붕괴가 겹치는 정도는 평균 85퍼센트에 달한다.

만일 우리가 한도를 변경하여 최대 장기폭락을 대공황 시기부터 이후까지 포함시키면, 결과는 더 치명적이다. 물론 그중 70퍼센트 이상은 안식년에 일어났다. 이러한 폭락 중 상위 5개의 80퍼센트가 안식년에 일어났다. 심지어 최대 폭락 중 상위 두 건은 100퍼센트 안식년과 일치한다.

우리는 첫째 신비 곧 두 가지 현실과 관련된 신비를 열었다. 즉 현대의 최대 주식시장 붕괴와 성경에서 말미암은 고대의 규례인 안식년 말이다. 이들은 이해하기 어려울 정도로 밀접하게 연결되어 있다.

이제 현대 금융계의 주기, 최대치와 전환점, 그리고 고대 신비의 주기를 살펴보겠다.

11
7년 주기

주기와 전환점

주식시장은 단선적으로 발전해 나가는 것이 아니라 어떤 정점 혹은 최고치에서 꺾여 전환점이 된다. 이는 팽창기의 끝이자 쇠락기의 시작이다. 다시 말해서, 금융계의 정점은 하락세나 폭락의 시작을 의미한다. 주식시장에서의 주된 하강은 자주 경제 붕괴와 연결되어 전조나 영향력을 나타낸다.

만일 고대 이스라엘의 금융계와 경제계를 그래프로 나타낼 수 있다면, 어떤 모양일까? 안식년이 다가오면 그것은 전환점처럼 보이게 되고,

주식시장 그래프에서 나타나는 것과 아주 유사할 것이다. 실제로, 안식년은 급락선으로 이어지는 정점을 만들어낼 것이다. 하강곡선은 그 금융계의 '면제'뿐만 아니라 그 나라의 생산성을 나타낼 것이다.

만일 우리가 주식시장 역사의 마지막 40년 중 최대 전환점, 최대 정점을 같은 기간의 경기침체와 경기하락의 주된 전환점들과 비교하여 살펴본다면, 어떤 일이 일어날까? 과연 어떤 점이 드러날까?

거기에는 분명 우리가 앞에서 살펴본 대로 현대의 대형 붕괴 중 일부가 포함되겠지만, 그 이상이다.

그것은 이전의 일부 정점들과 붕괴들이 일어난 순서대로 미국과 세계의 금융과 경제적 부에 대한 점진적 기록을 보여 줄 것이다. 그리고 각각의 전환점이 다른 전환점들과 갖는 관계뿐만 아니라 그 타이밍에 대한 분명하고도 거시적인 관점을 제공할 것이다.

금융계와 관련된 자료는 지난 40년간 주식시장에서의 최대 전환점, 최고 정점, 그리고 등락폭 리스트를 참고할 것이다. 과연 어떤 패턴이 생성될까? 그리고 이것이 고대의 주기와 어떤 연관이 있을까?

지난 40년 동안 주식시장 역사상 다섯 번의 주요 정점과 전환점이 있었다.

첫째 전환점 - 1973년

첫째 전환점은 1973년 초반에 온다. 1973년 1월 11일, 스탠더드앤

푸어스S&P 500은 120선에서 그 정점에 도달한다. 그때부터 시장의 장기 하락세가 시작되어 이듬해 내내 이어졌다. 그러다가 1974년 10월 3일 62선에서 바닥을 쳤는데, 이때 시장 가치로 48퍼센트의 손실을 보았고, 금융 붕괴의 전조를 보이며 경제계의 붕괴와 심각한 글로벌 경기침체를 야기했다.

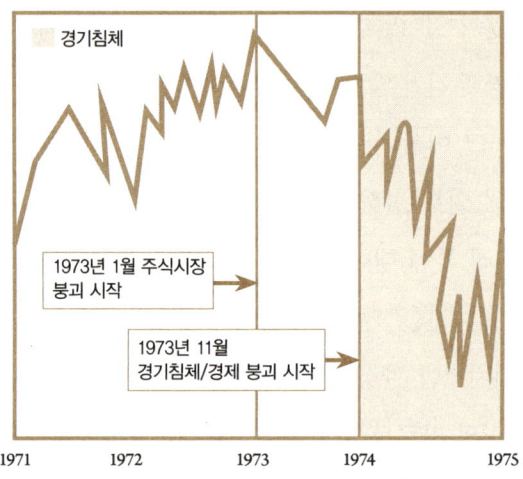

둘째 전환점 – 1980년

둘째 전환점은 1980년 11월 28일에 발생했는데, S&P 500은 140선에 이르렀다. 이후 1981년 내내 하락세가 이어지다가 1982년 8월 12일에 저점에 이르렀고 주식시장은 27퍼센트의 가치 손실을 보았다. 이 붕괴는 1980년의 폭락에 이은 것으로, 다우존스 지수Dow Jones Industrial가 2월 13일 903선에서 4월 21일 759선까지 떨어졌을 때와 같은 시기였다.

금융계의 전환점은 경제가 심각한 침체기에 들어선 1980년 1월, 경제계의 또 다른 폭락에 이은 것이었다. 그래서 이것을 '더블딥 불황'duble-dip recession이라 불렀다. 나중에 약간의 회복세가 이어지긴 했지만, 1981년 7월에 경제는 다시 하락세로 돌아섰다. 이 붕괴는 많은 선진국들에 영향을 미쳤고, 대공황 이후 최고의 실업률을 양산했다.

이 경제위기는 좀 더 이른 시기 곧 이란혁명이 유가 급등을 촉발한 때인 1979년에 시작되었다. 1979년부터 1980년 초는 스태그플레이션 기간 중 하나로 생산 성장률 감소와 결합된 인플레이션을 증가시켰다. 이 시기 동안 국민총생산GNP은 5퍼센트에서 1.5퍼센트로 감소했다. 국가의 인플레이션 비율이 두 자릿수로 치솟은 것을 본 것 역시 1979년이었다.

그래서 여기서 전환점들이 하나로 뭉치게 된다. 경제위기는 1979년에 결정되어 1980년 1월에 글로벌 경기침체로 이어졌고, 같은 해 11월에 주식시장 폭락을 낳았다.

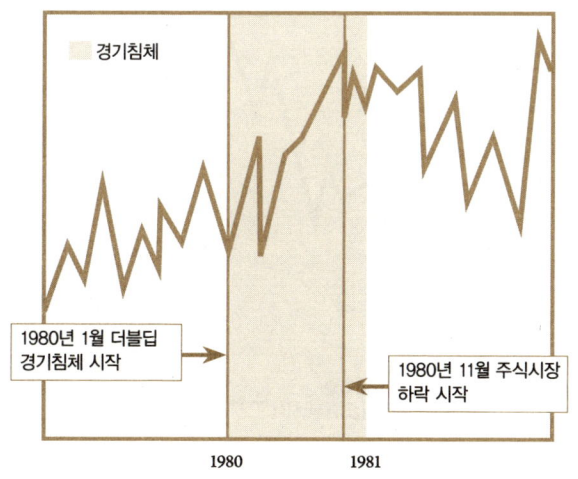

셋째 전환점 – 1987년

셋째 전환점은 1987년 8월 25일에 찾아왔다. 이는 그 해 초에 시작된 7개월간의 주식시장 가치 상승 뒤에 이어졌다. 8월 말에 S&P 500은 336선에서 정점에 이른 다음 떨어지기 시작했다. 붕괴는 10월에 이르러 발생했고, 미국 역사상 가장 큰 주식시장 붕괴율을 기록하며 '블랙 먼데이'(검은 월요일)로 알려졌다.

하락세는 단기간 지속되면서 1987년 12월 4일 224선이라는 저점을 찍으며 마무리되었는데, 짧지만 독특한 성질로 인해 경기침체를 유발하지는 못했다. 하지만 단기간의 영향력이 매우 커서 33퍼센트의 시장 가치 손실을 야기했다. 다시 1987년 8월의 수준으로 회복하기까지 2년이 걸렸다. 이것은 금융 역사상 가장 불가사의한 폭락 중 하나였으며, 그 원인은 여전히 논쟁 중이다.

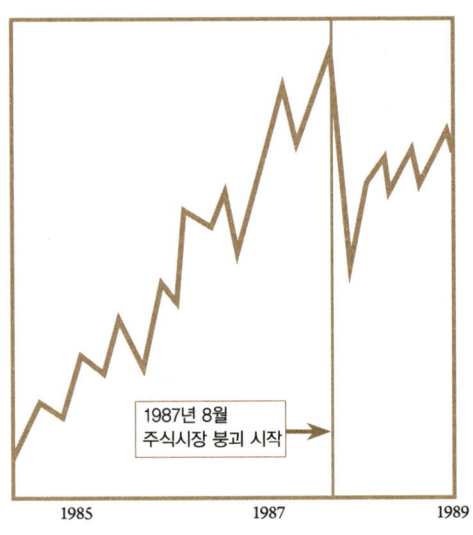

넷째 전환점 - 2000년

주식시장은 2000년 3월 24일 S&P 500이 1,527선에 이르며 네 번째로 주요한 정점에 도달했다. 이 붕괴는 실리콘밸리를 중심으로 한 IT 산업 분야에서 거품(닷컴 버블)이 꺼지면서 일어났는데, 이로 인해 2001년 3월에 시작된 경기침체가 2001년 11월까지 지속되었다. 그런데 그 와중에 9/11이 터졌다.

9/11의 영향은 월 스트리트 역사상 가장 극적인 붕괴 중 하나를 야기했고, 나아가 국가의 금융계를 불구로 만들어 버렸다. 시장은 오랫동안 하락세를 거듭하다가 2002년 10월 9일에 바닥을 치고 49퍼센트의 가치 손실을 보았다. 이 경우, 금융 붕괴는 경제 붕괴에 선행하여 가속시키고, 지속시켰다.

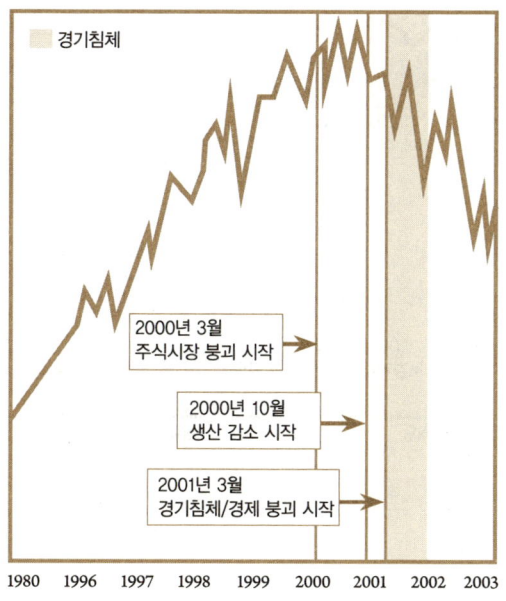

다섯째 전환점 - 2007년

다섯째 전환점은 2007년 10월 9일에 발생했다. 당시 S&P 500은 1,565선으로 정점을 찍었다. 그런 다음 주식시장은 1년 반 동안 극적인 붕괴를 보였다. 얼마 지나지 않아 금융 전환점은 경제 전환점에 이르렀고, 2007년 12월에 경제는 불황에 빠졌다. 금융 붕괴는 2009년 3월 9일에 최저점인 676선을 찍으면서 56퍼센트의 가치가 날아갔다. 그로부터 3개월 후인 2009년 6월에 경기침체가 끝났다. 이때의 최정점과 최저점 사이의 기간은 '경기대침체'로 알려지게 되었다.

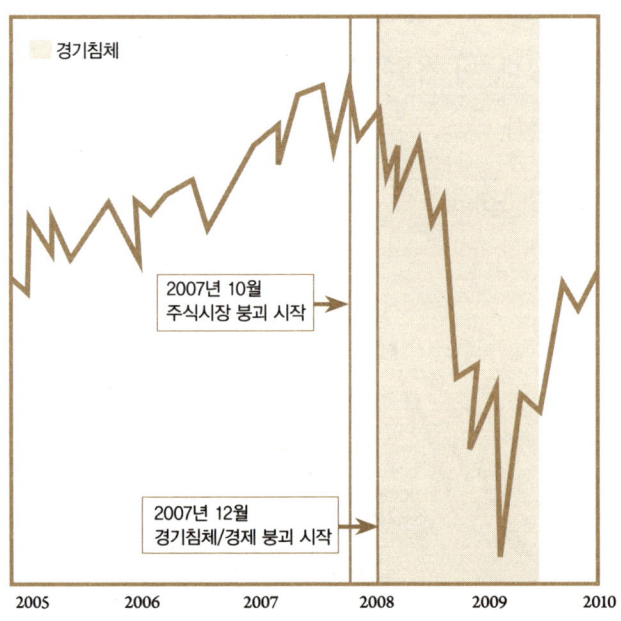

주기의 비밀

우리는 현대 주식시장 역사상 가장 주요한 5건의 정점 혹은 전환점과 금융계의 붕괴를 살펴보았다. 결과를 보여 주는 도표를 보면서 어떤 생각이 드는가?

현대 주식시장 역사에서 정점들과 주요 전환점들은 언제 발생했는가?

- 첫째는 1973년에 발생했다.
- 둘째는 1980년에 발생했다.
- 셋째는 1987년에 발생했다.
- 넷째는 2000년에 발생했다.
- 그리고 다섯째는 2007년에 발생했다.

하나의 정점과 다른 정점의 관계는 어떤가? 물론 셈은 간단하지만, 분명하게 하자면 아래와 같다.

- 첫째와 둘째 정점과 전환점 곧 1973년과 1980년은 7년 주기다.
- 둘째와 셋째 정점 곧 1980년과 1987년은 7년 주기다.
- 넷째와 다섯째 정점 곧 2000년과 2007년은 7년 주기다.

안식년의 비밀은 경제계와 금융계의 변화가 매 일곱째 해에 발생하는 것으로 나타난다. 따라서 이 두 영역 곧 경제계와 금융계는 7년 주기에 따라 변경된다. 우리가 주식시장의 상승과 하락에서 보는 것은 현대 금융 역사상 최대 정점들과 전환점들 중 5건 전부가 7년 주기로 연결되어 있다는 점이다.

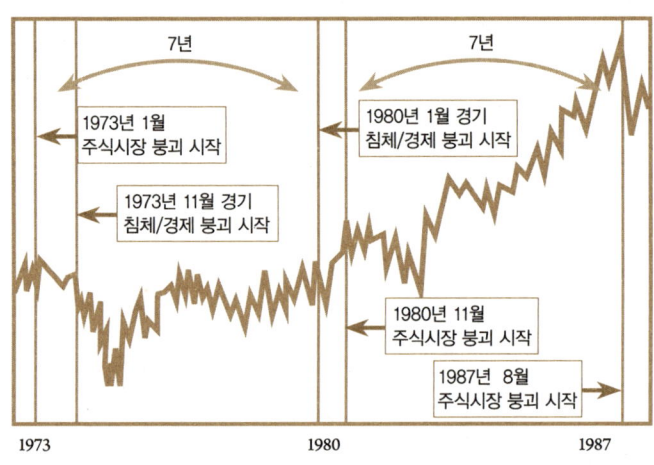

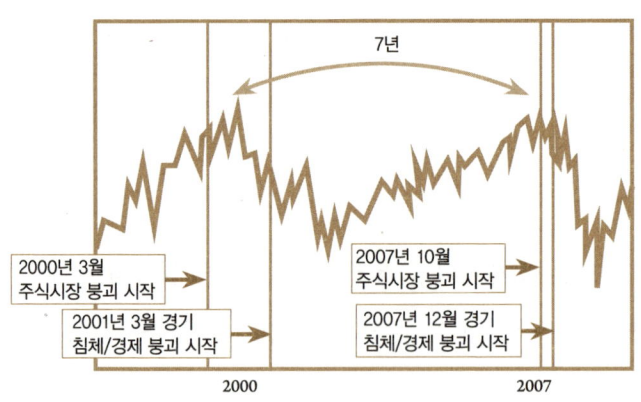

붕괴 주기

고대의 신비에 따르면, 일곱째 해에 그 나라의 경제계와 금융계에 중단이 발생한다.

일곱째 해에는 그 땅이 쉬어 안식하게 할지니 여호와께 대한 안식이라 너는 그 밭에 파종하거나 포도원을 가꾸지 말며 레 25:4

앞에서 살펴본 그래프로 돌아가서 고대 이스라엘의 안식년을 도표로 나타낸다면, 최정점과 최저점을 보여 주는 선을 볼 수 있을 것이다. 이스라엘의 안식년이 보이는 경제적 추이를 도표화하여 나타낸 선은 경기하락이나 경기침체를 보여 줄 것이다. 또한 안식년과 관련된 금융 그래프를 도표화하여 선으로 나타내면, 그것은 곧 금융 붕괴를 보여 줄 것이다.

이제 우리가 이것을 현대세계로 가져와서 미국 및 글로벌 경제계와 금융계를 보여 주는 그래프를 살펴본다면, 무엇을 발견하게 될까? 우리는 동일한 현상을 보게 될 것이다. 한 선은 금융 붕괴를, 다른 선은 경기침체를 나타낼 것이다.

고대 이스라엘의 그래프로 다시 돌아가서 그것을 몇 십 년에 해당하는 기간에 확장하여 적용하면, 무엇을 발견하게 될까? 아마도 그래프 안에 표시된 시기에 걸쳐 안식년이 다소 고르게 분포되어 최정점과 최저점을 포함하는 몇몇 선들이 만들어지는 것을 보게 될 것이다. 특별히 이러한 정점들과 기울기들이 다른 것들과 7년 주기로 연결되어 있음을 발견하게 될 것이다.

　이제 우리가 지난 40년 동안 현대세계의 실질적인 금융계와 경제계의 재정을 표시하는 그래프를 확인한다면, 어떤 일이 벌어질까? 아마도 고대의 현상이 동일하게 재연되는 것을 보게 될 것이다. 그 기간 중에 최정점들과 하강들이 다소간 균등하게 분포되어 나타날 것이다. 특별히 5건의 최정점과 붕괴들이 선행하거나 계속되는 것들과 7년 주기로 연결되어 있음을 보게 될 것이다.

거룩한 주기와 5건의 붕괴

　지난 40년간의 현대사에서 미국과 세계의 경제계와 금융계는 '7년 주기'로 발생하는 경제중단과 금융 붕괴를 지정해 놓은 고대의 신비를 따랐다.

　그 신비와 관련된 무언가가 더 있을까? 이러한 붕괴 중 어떤 것은 좀 더 특정한 방식으로 안식년에 결부되어 있지 않을까? 안식년은 단순한 7년 주기가 아니라 성경에서 정한 특정한 7년 주기에 근거하고 있다. 실제로 오로지 7년 중 한 해만 안식년으로 정해졌다. 지난 40년에 걸친 5건의 큰 정점, 절정, 하강, 그리고 붕괴 중 어떤 것이 7년 중 한 번인 고대의 안식년과 연관될 수 있을까?

　이제 우리는 현대의 5건의 정점들과 붕괴들을 한 번 더 살펴볼 것이다. 하지만 이번에는 한 가지 특정한 초점을 유지할 것인데, 바로 타이밍이다. 이런 정점들과 붕괴들 중 어떤 것이 고대의 신비에 정해진 타이밍과 특별한 연관이 있을까?

첫째 전환점의 신비

사건은 1973년 겨울인 1월 11일에 시작되는데, S&P 500이 120선에서 정점에 이른 뒤 장기하락이 시작되었다. 이 시기의 첫째 안식년은 1972년 9월에 시작되어 1973년 9월까지 이어졌다. 안식년이 시작되고 4개월 만에 주식시장이 붕괴되었다. 이처럼 그 정점과 붕괴는 완전히 성경의 안식년 안에서 발생했다.

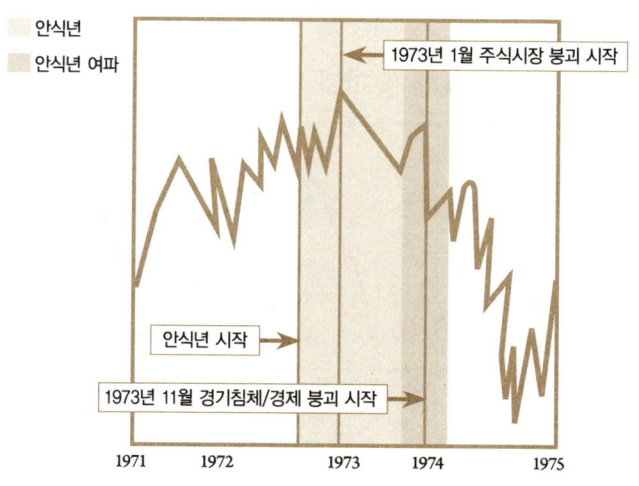

첫째 붕괴와 안식년

이때 금융 붕괴가 글로벌 경기침체를 일으켰다. 이 침체는 1973년 가을 안식년의 여파로 시작되었다.

둘째 전환점의 신비

7년 후 미국 경제는 현대의 가장 심각한 경기하락 중 하나로 손꼽히는 경기침체에 빠져들었다. 더블딥 경제 붕괴의 첫째 국면은 1980년 1월에 시작되었는데, 이것과 고대의 신비 사이에 연관이 있을까?

이번에도 대답은 "그렇다"이다. 이때 안식년은 1979년에 시작되었다. 이것은 경제위기가 시작된 해와 같은데, 극적인 인플레이션, 에너지 위기, 그리고 생산량의 점진적 감소가 일어났다. 안식년 개시 후 4개월이 지나며 경제가 내리막길을 걷기 시작했다.

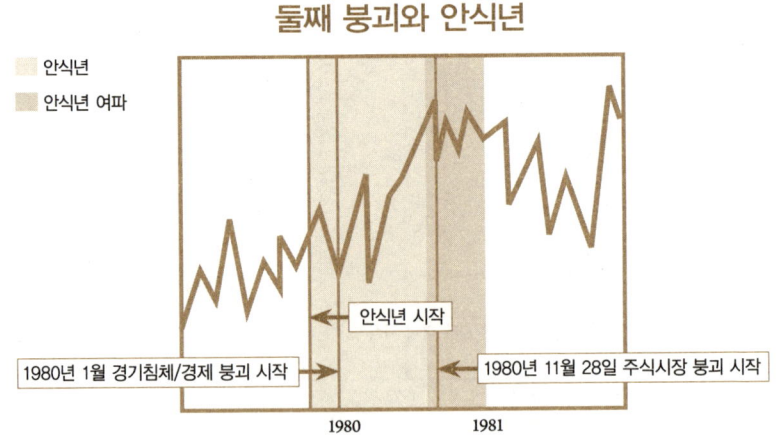

1980년의 경기침체는 안식년 한복판에서 시작되었다. 금융계는 1980년 가을, 안식년의 여파로 시작된 붕괴와 함께 무너졌다.

셋째 전환점의 신비

7년 후 주식시장은 그 다음 정점에 이르러 S&P 500이 1987년 8월 25일에 최고 336선을 찍었다. 그리고 바로 붕괴가 시작되었는데, 이는 월 스트리트 역사상 하루 만에 일어난 가장 큰 폭락으로 기록된다. 이 사건들과 고대의 신비 사이에 연관이 있을까?

이번에도 대답은 "그렇다"이다. 1980년대 초부터 계속되던 경기침체의 끝자락에 미국 경제는 급성장 국면으로 들어갔다. 하지만 1986년 후반, 40년 중 세 번째 안식년이 찾아왔고 같은 해에 변화가 일어났다. 경제 급성장 시기가 끝나고 경기하락이 찾아온 것이다. 안식년은 1987년 전체에 걸쳐 있다가 그 해 9월에 끝났다.

7년 중 엘룰 월 한 달만 안식년을 완결할 수 있고, 7년 주기 끝에 축적을 시작한다. 일곱째 해 엘룰 월은 1987년 8월 26일에 시작되었는데, 같은 날 주식시장은 방향을 바꾸어 붕괴되기 시작했다. 유대력이 넘어가면서 주식시장도 불안해졌다.

1987년 10월 19일, 월 스트리트 역사상 최대의 폭으로 주식시장이 붕괴되는 사건이 일어났다. 이것이 바로 '블랙 먼데이'(검은 월요일)였다.

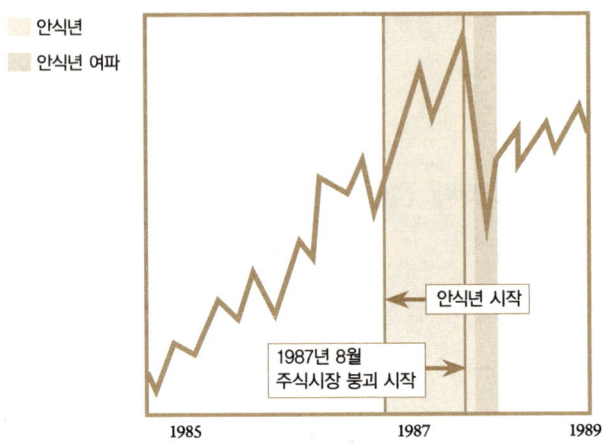

붕괴는 안식년의 재정무효화 순간에 시작되어 그 효과를 나타내는 티슈리 월 한 달 동안 발생했다.

1990년대 – 예외

1990년대 10년은 주식시장 붕괴 관점에서 특별한 사건이 없는데, 바로 이것을 주목해야 한다. 처음에 언급한 바와 같이 우리는 안식년 현상을 어떤 공식처럼 단순한 현상으로 생각하지 말아야 하며, 늘 규칙적인 시간표를 따라 일어나리라 기대해서도 안 된다. 그래서 우리는 모든 안식년이 경제 붕괴나 금융 붕괴를 가져오거나 모든 경제 붕괴와 금융 붕괴가 안식년과 연결되리라 생각하지 않는다. 1990년대는 그 현상을 정해진 시간표에 끼워 맞추려는 사람들의 생각을 거스른 경우가 될 것이다. 이 시기의 안식년 또는 그 10년 동안에는 주식시장 붕괴가 없었다.

다른 한편으로는 주목할 만한 일이 발생했다. 일단 안식년과 그로 인한 파급효과가 끝나면, 축적과 회복의 다음 국면이 시작된다. 1990년대의 주식시장을 도표화한 아래의 그래프를 한 번 살펴보라. 아마도 주목할 만한 변화를 관찰할 수 있을 것이다. 다음에 어떤 것이 올 것인가 하는 관점에서 보면, (큰 흐름으로 본다면) 그 10년 중 초반에 약간의 성장세를 나타냈다는 것을 알 수 있다. 그런데 곧 현저한 전환점이 찾아왔다. 갑자기 주식시장이 현저하게 상승세를 띠기 시작한 것이다. 성장세는 극적이고 분명했으며 그 일은 다음 붕괴 시까지 계속되었다.

1990년대의 안식년은 1994년 9월에 끝났다. 다음 붕괴에서 끝날 이 전환점과 상승세는 언제 시작되었는가? 그것은 1994년 말과 1995년 초 곧 안식년 말미에 시작되었다.

다른 전환점과 안식년 이후의 호황

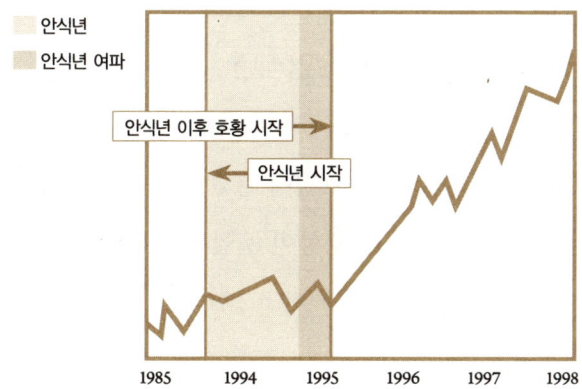

비록 붕괴가 없더라도 계속되는 금융계의 축적 국면은 여전히 안식년과 동일한 주기를 따랐다. 축적은 다음 붕괴까지 지속되었고, 다음 붕괴는 1990년대의 안식년으로부터 7년 뒤에 발생했다.

넷째 전환점의 신비

2000년, 주식시장의 호황이 정점에 달하면서 2년 반 동안의 장기 하락세가 시작되었다. 2001년 3월에는 경기침체에 빠졌고, 9월에는 9/11 테러가 세계의 금융시장을 마비시켰다.

2000년은 안식년 개시의 해였다. 안식년이 시작되자 주식시장은 하락세로 돌아섰고, 2001년 봄에는 경기침체가 그 중심점에서 시작되었다. 이 안식년 한복판에서 두 가지 붕괴가 결합되었는데, 그것은 안식년의 가을 여파에 끝났다.

넷째 붕괴와 안식년

이 시기의 안식년은 2001년 9월 17일에 끝났다. 여기에는 9/11과 미국 및 글로벌 금융계에 대한 충격적 영향이 포함되어 있었다.

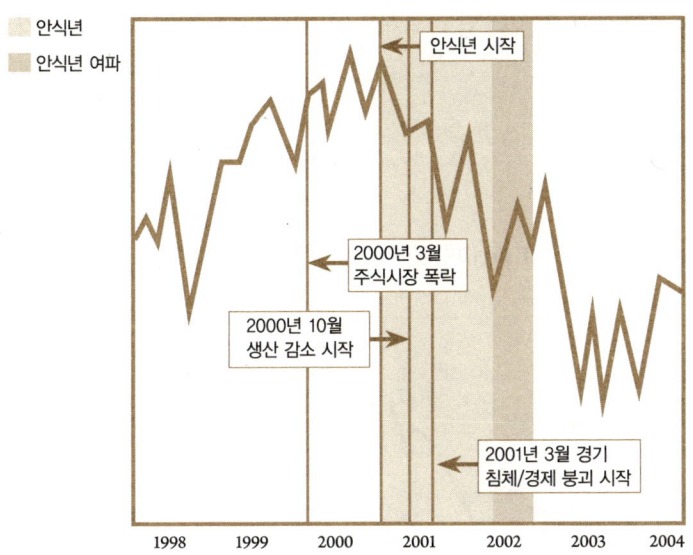

다섯째 전환점의 신비

주식시장은 2001년 10월 9일에 정점에 이르러 주식시장 역사상 가장 큰 붕괴 중 하나가 될 하향세로 돌아섰다. 2007년 겨울, 경제는 침체의 늪에 빠졌다. 금융 붕괴는 2009년 3월까지 지속되는 한편, 경기침체는 3개월 후에 끝났다. 이러한 사건들과 안식년 사이에는 어떤 연관이 있을까?

다음 안식년은 2007년 9월에 시작되었다. 이 안식년의 도래와 더불어 세계 금융시장은 선회하기 시작했다. 사실상, 세계 금융시장은 주식시장의 상승세가 끝나고 붕괴가 시작된 달, 안식년이 개시되던 달 안에 들어 있었다. 안식년이 시작되고 3개월이 지나면서 경제도 붕괴되기 시작했다.

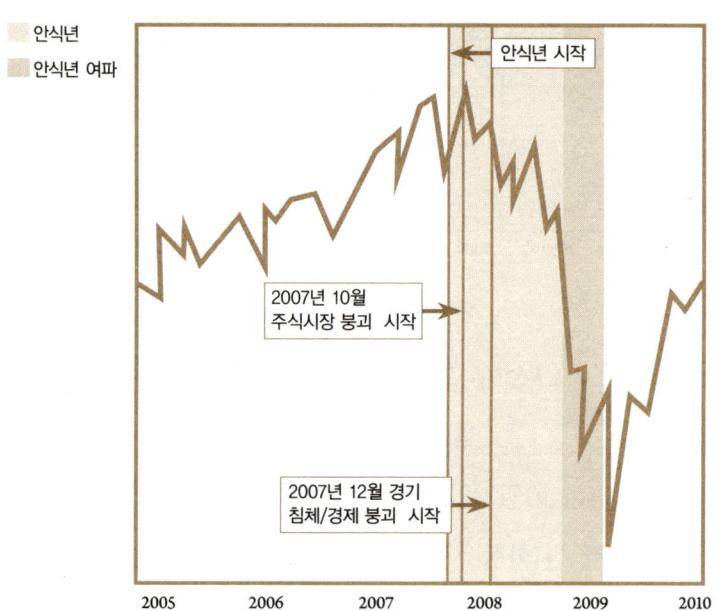

두 건의 붕괴가 역사적인 규모로 발생했는데, 모두 안식년에 시작되었다. 그리고 그 안식년이 끝나기 전에 주식시장 역사상 가장 큰 폭락이 있었다. 오늘날 대다수 사람들이 '경기대침체'로 부르는 이 일은 실제 안식년에 일어났다.

7년 주기

이 장에서 아래와 같은 놀라운 현상을 발견하였다.

- 성경에서 경제계와 금융계는 7년 주기로 돌아가며, 이 주기는 일곱째 해에 중심을 이루는 경제중단과 금융면제와 관련된다.
- 지난 40년의 금융 및 경제 역사 배후에 7년 주기가 있다. 이 주기가 가장 큰 금융 붕괴와 경기하락 및 경기침체를 동반하는 폭락과 관련된다는 것은 매우 놀라운 일이다. 지난 40년의 모든 최정점과 폭락은 이전의 붕괴와 다음에 이어지는 붕괴와 관련해 7년 주기로 발생한다.
- 지난 40년간의 최정점과 붕괴는 단순한 주기가 아닌 특정한 7년 주기와 연결된다. 이 기간은 특별히 경제중단과 금융면제 곧 안식년이라는 고대 성경의 해와 관련된다. 다시 말해서, 현대의 대형 폭락과 경기침체 배후에 안식년이라는 고대의 신비가 놓여 있는 것이다.

다른 시기에 반드시 이 패턴이 명백하고, 일관되고, 또는 여기서 그런 것처럼 현재적인 것이 될 필요는 없다. 1973년에 시작되는 그 시기가 특별히 중요한 이유는 다음 장에서 언급할 것이다.

우리가 확인할 사실들은 모두 고대의 신비를 가리키는데, 그중 일부를 정리해 보았다.

- 지난 40년간 최대의 금융 전환점들은 시간적으로 안식년 혹은 그 여파에 100 퍼센트 연결되어 있었다!
- 지난 40년간 최대의 금융 전환점, 정점, 또는 장기폭락은 안식년 혹은 그 여파 내에서 100퍼센트 발생했다!
- 금융 붕괴나 경기침체 모두가 있던 곳, 그 시작점과 연결된 시기는 시간상 100 퍼센트 성경의 안식년에 속한다!
- 따라서, 1973년에 시작되어 40년간 일어난 5건의 가장 큰 금융·경제적 정점과 붕괴는 각각이 결합되고 연결되어 안식년의 정한 시기에 발생했다!

우리는 현대 미국과 세계 역사상 주식시장의 최대 붕괴와 폭락을 전반적으로 조사하면서, 그 속에서 그 진로를 결정하는 3천 년 된 고대의 신비를 발견했다.

그런데 이것에서 더 나아가 다른 것들을 살펴보면 무엇을 알 수 있을까? 최대의 전환점들과 전반적인 장기폭락을 살피기보다 주식시장 역사상 최대의 단일폭락을 살펴본다면 어떨까? 이것들은 다른 법칙들에 지배되는데, 그 결과 역시 매우 놀라울 것이다.

12
대격변의 비밀

붕괴의 날

지금까지는 금융계와 경제계의 장기폭락에 초점을 맞췄는데, 폭락은 여러 달에 걸쳐 확산되고 일반적으로 1년 이상 지속되었다. 이제는 주식시장의 최대 단일폭락을 살펴볼 것이다.

이것은 이전과는 조사가 다르기 때문에 전과는 다른 원칙들과 요인들이 포함될 것이다. 본질상, 장기폭락은 장기적인 여건, 흐름, 움직임들로 인해 야기되고 영향을 받는다. 하지만 단일폭락은 좀 더 변덕스럽고, 예측 불가능하며, 유동적인 환경에 예민하여 '우연'이라는 요인이 작동한다. 이에 대한 좋은 예가 1987년의 블랙 먼데이 폭락인데, 그 원인으로 금리인상부터 컴퓨터 거래 프로그램까지 다양한 요소가 지목되어 왔다.

안식년의 다른 열쇠들

장기폭락과 단일폭락의 또 다른 주요 차이점은 시간의 틀이다. 장기폭락에는 일반적으로 몇몇 시즌이 포함되어 있고, 단일폭락에는 단일 시즌, 월, 일이 포함되어 있다. 따라서 우리는 일곱째 해라는 요소를 넘어 안식년의 다른 요소들(년, 월, 일)을 좀 더 깊게 살펴볼 수 있을 것이다. 이제 우리는 현대의 금융 붕괴와 아래에 제시된 것들 사이에 어떤 연관성이 있는지 좀 더 분명하게 살펴볼 수 있다.

- **엘룰 월** – 안식년의 시작과 절정의 종결로 이끌고 축적하는 달

- **티슈리 월** – 안식년에서 가장 중심이 되는 달로, 일곱째 해를 표시하고 종국에는 안식년의 금융 파급효과를 보여 준다.

- **안식년의 여파** – 안식년의 면제의 날 뒤에 이어지는 시즌으로 그 파급효과를 보여 준다.

이제 열쇠를 가졌으니 조사를 시작해 보자.

7년 주기와 10건의 가장 큰 포인트 폭락들

첫 번째 조사를 위해, 우리는 월 스트리트 역사상 10건의 가장 큰 포인트 폭락을 살펴볼 것이다. 이것들은 주식시장에서 가장 많은 포인트가 소실된 금융 붕괴다.

역사상 가장 큰 10건의 주식시장 포인트 폭락 중 어떤 것들이 안식년과 연결되어 있을까? 안식년이 7년에 한 번 꼴로 돌아오기 때문에, 우연은 7년에 한 번만 있을 것이다. 목록에는 10건의 폭락이 있다. 따라서 이러한 폭락들 중 안식년에 발생하는 폭락이 들어 있을 우연은 15퍼센트다. 하지만 만약 그밖의 요인이 작용한다면, 그 수치는 15퍼센트보다 클 것이다.

이러한 폭락들 중 일부가 안식년과 연결되어 있을까? 그렇다. 퍼센티지는 15퍼센트보다 큰가? 이것 역시 그렇다. 월 스트리트 역사상 가장 큰 단일 포인트 폭락들이 얼마나 많이 안식년과 연관되어 있을까? 거의 다 연관되어 있다!

월 스트리트 역사상 가장 큰 포인트 폭락들 중 절반 이상이 성경의 면제년과 연결되어 있다. 믿을 수 없을 정도로 10건의 가장 큰 폭락들 중 60퍼센트가 안식년이나 안식년 여파와 일치하는 시기에 발생하였다. 이것을 바꾸어 말하면, 가장 큰 폭락들 중 단지 소수만이 성경의 안식년이 아닌 시기에 발생한 것이다.

티슈리 월과의 관계

이제 고대의 신비와 관련된 또 다른 요소를 주목하여 그것이 월 스트리트 역사상 가장 큰 폭락들과 어떤 관련이 있는지 살펴보자. 이 폭락들은 안식년의 핵심 달, 일몰에 시작하는 티슈리 월과 연관이 있는가?

히브리인들의 한 해는 열두 달로 되어 있다. 그런데 예외적으로 대략 3년에 한 번 달력에 끼어드는 열세 번째 '윤달'이 있다. 이로 인해 10건의 가장 큰 주식시장 폭락들이 유대력으로 티슈리 월에 일어날 개연성은 1/12이다. 따라서 우리는 기껏해야 10건의 가장 큰 포인트 폭락들 중 하나가 티슈리 월에 일어나거나 아니면 전혀 일어나지 않을 것으로 예상할 수 있다. 하지만 특별한 일이 일어난다면, 그 횟수는 1/10보다 커질 것이다.

그렇다면 이러한 폭락들은 유대력 티슈리 월과 연관되어 있는가? 그렇다.

주식시장 역사상 가장 큰 단일 포인트 폭락들은 얼마나 유대력 티슈리 월과 연관되어 있는가? 거의 다 연관되어 있다!

월 스트리트 역사상 가장 큰 주식시장 폭락들 중 절반 이상이 티슈리 월과 연관되어 있으며, 그 수치는 60퍼센트다. 폭락들 중 대부분이 이 달 주위에 몰려 있다는 것, 그리고 단지 소수만 다른 달에 발생했다는 점은 주목할 만하다.

마지막 티슈리 월과 가장 큰 포인트 폭락들

티슈리 월에 일어나는 가장 큰 금융 붕괴들 중 특별히 일곱째 해 티슈리 월에 일어나는 경우가 있을까? 그리고 좀 더 특별히 그중 일곱째 해를 마감하는 매우 중요한 티슈리 월에 일어나는 경우는 어느 정도나 될까? 그중 80퍼센트가 그렇다!

그것들은 특별히 안식년을 마감하는 티슈리 월에 일어났다. 역사상 가장 큰 포인트 폭락들 중 대부분은 7년 주기로 찾아오는 바로 그 짧은 시간에 발생했다. 7년 주기는 또한 일곱째 해의 엄청난 금융 파급효과를 보여 주고 있는 성경의 시간과 일치한다.

퍼즐 조각 연결하기

일곱째 해, 티슈리 월 그리고 특별히 일곱째 해의 마감으로 나타나는 티슈리 월은 모두 신비를 구성하는 요소들이다. 그것들은 마치 표적처럼 다른 것들과 상관없어 보일 수도 있다. 하나의 폭락에 이은 또 하나의 폭락, 다른 폭락에 이은 또 다른 폭락처럼 말이다. 하지만 만일 우리가 그것을 전부 하나로 모아 현대 주식시장 역사상 가장 큰 포인트 폭락들을 고대의 신비를 구성하는 요소들과 마주 세우면 어떤 일이 일어날까?

월 스트리트 역사상 가장 큰 10건의 포인트 폭락들 중 얼마가 성경의 티슈리 월이나 안식년과 연관되어 있을까? 70퍼센트가 연관되어 있다!

월 스트리트 역사상 가장 큰 10건의 포인트 폭락들 중 얼마가 성경의 티슈리 월이나 안식년이 이끄는 달을 포함해 성경의 안식년과 연결되어 있을까? 80퍼센트다!

10월 현상과 고대의 신비

이상하게도 가을, 특히 10월에 금융 붕괴가 몰리는 현상에 금융분석가들은 수년간 어리둥절해 왔다. 과거에 어떤 학자들은 그것을 가을 추수를 위해 농부들이 지불해야 할 현금보유고의 고갈과 연결하여 설명하고자 했다. 하지만 이것이나 다른 방식으로 시도된 설명들은 시기나 조건이 바뀌었을 때, 현대 주식시장 폭락들의 배후에 있는 요인들로 인해 다 실패로 돌아갔다. 그것은 계속해서 신비하고 이해할 수 없는 현상으로 남아 있었다.

그런데 놀라운 일은 금융분석가들이 가을로 몰리는 주식시장 붕괴의 기이한 현상을 알아차리고 그것을 이해할 수 없는 것이라고 인식하는 동안, 성경에서 하나님이 그 시간을 재정 무효화를 위해 지정하고 계심을 역사적 사실로서 드러내고 있다.

안식년의 비밀은 이것에 관한 열쇠를 제공한다. 그것은 금융 폭발을 야기하는 그 가을과 연결되는 성경과의 연관성을 보여 준다. 그 열쇠는 단순히 가을이라는 계절이나 10월이 아니라, 특별히 성경의 티슈리 월과 그것을 이끄는 엘룰 월이다. 여기에 또 한 가지 열쇠가 더해진다. 즉 7년 주기, 특별히 안식년의 특정한 7년 주기 말이다. 놀랍게도 현대사의 금융 붕괴들을 고대의 신비와 견줄 때, 계시가 선명해진다.

또 다른 대격변

만일 고대의 신비가 지금도 작동 중이라면, 우리는 금융계의 하나의 대격변뿐만 아니라 그 이상에서 그 흔적을 발견하게 될 것이다. 이제 우리는 두 가지 주요 붕괴 영역 중 두 번째로 들어간다. 바로 퍼센티지 폭락이다.

주식시장 역사상 가장 큰 포인트 폭락은 가장 많은 양 혹은 시장 포인트가 사라진 것이다. 하지만 금융 붕괴를 측정하는 또 다른 측정법과 범주가 있는데, 바로 가장 큰 퍼센티지 폭락이다. 그것은 셀 수 있는 현금의 양이나 규모가 아니라 시장 전반과 비교하여 비율적으로 얼마가 빠졌는가, 즉 손실의 비율을 보여 준다.

월 스트리트 역사상 가장 큰 퍼센티지 폭락들은 1899-2008년이라는 광범위한 기간에 발생한다. 이러한 폭락들이 자연스러운 현상을 넘어서는 특별한 무언가를 보여 줄까?

티슈리 월 18일 동안

주식시장 역사상 가장 큰 10건의 퍼센티지 폭락들 중 어떤 것들이 성경의 티슈리 월에 발생했을까? 우리는 다시 어떤 사건이 바로 그 한 달 내에 발생할 1/12의 가능성과 함께 시작한다. 여기 10건의 폭락들이 있다. 따라서 우리는 10건의 가장 큰 퍼센티지 폭락들 중 하나가 유대력으로 그 달에 일어나거나 아니면 하나도 일어나지 않으리라 예상할 수 있다. 이에 대한 대답은 무엇일까?

월 스트리트 역사상 가장 큰 퍼센티지 폭락들 중 40퍼센트가 유대력의 그 한 달 안에 발생했다. 여기에 다른 어떤 달도 범접하지 못한다.

만일 우리가 조사를 3일 전후로 확장한다면, 10건의 가장 큰 퍼센티지 폭락들 중 얼마가 티슈리 월이나 티슈리 월 3일 전후에 발생했을까? 60퍼센트다!

이 모든 주식시장 폭락들이 결집되는 시간의 간격은 얼마나 클까? 단지 18일이다!

월 스트리트 역사상 가장 큰 단일 퍼센티지 폭락들 중 60퍼센트는 성경의 특별한 달 주변에 몰려 있다. 그것들은 모두 성경의 날들 곧 동일한 18일 안에 발생한다.

만일 무언가 특별한 요인이 작용하지 않는다면, 가장 큰 폭락들은 일반적인 것으로 여겨져야 하고, 다소간 공평하게 그 해의 모든 달과 계절도 그래야 한다. 하지만 그 해의 특정 기간 주변으로 결집되는 이러한 폭락들 중 60퍼센트는 특별한 일이 일어나고 있음을 보여 준다.

가장 큰 10건의 주식시장 퍼센티지 폭락(유대력 기준)

　18일이라는 기간은 그 해의 5퍼센트에 해당한다. 이러한 폭락들 중 어느 하나가 이 짧은 기간에 발생할 수 있는 개연성은 5퍼센트다. 그런데 단지 5퍼센트가 아니라, 여기에 해당되는 것이 다수다. 가장 큰 주식시장 퍼센티지 폭락들 중 60퍼센트가 다 그 해의 5퍼센트에 해당하는 그 시기에 발생한 것이다! 그리고 그 해의 이 5퍼센트는 티슈리 월이라는 아주 중요한 달에 찾아온다. 대형 폭락들 중 오직 소수만이 이날들 밖에서 발생했다.

니산					
이야르					
시반					
탐무즈	10 6				
아브					
엘룰					
티슈리	1	2	3	9	
			4	8	
헤쉬반					

12 대격변의 비밀

키슬레브	
테베트	5
쉐바트	
아다르	7

가장 큰 퍼센티지 폭락들 배후의 신비

우리가 조사 범위를 제2차 세계대전 기간 이후의 퍼센티지 폭락들로 좁혀 보면 어떨까?

- 상위 8건의 가장 큰 전후 퍼센티지 폭락들 중 얼마가 성경에서 금융 파급효과를 규정하고 있는 달 곧 티슈리 월이나 그 전날 밤에 발생하는가? 다수가 그러하며, 그 비율은 62.5퍼센트다!

- 이러한 폭락들 중 얼마나 안식년이나 그 절정의 여파와 연관되어 있는가? 87.5퍼센트가 연관이 있다!

- 이러한 폭락들 중 얼마가 안식년, 그 여파, 또는 티슈리 월이라는 성경의 달과 연관되어 있을까? 100퍼센트다!

20건의 가장 큰 퍼센티지 폭락들 배후의 신비

이제 우리가 조사 범위를 상위 10건을 넘어 상위 20건의 가장 큰 단일 퍼센티지 폭락들로 넓히면 어떨까? 여전히 안식년과 연관될까?

월 스트리트 역사상 20건의 가장 큰 퍼센티지 폭락들 중 얼마가 티슈리 월과 연결되어 있을까? 그중 45퍼센트가 티슈리 월과 연관되어 있다.

그중 얼마가 안식년과 연결되어 있을까? 50퍼센트다!

그러면 얼마가 티슈리 월, 그 전날 밤, 안식년, 혹은 그 여파와 연결되어 있을까? 75퍼센트다!

이처럼 이 폭락들은 안식년과 연관성이 지속적으로 유지된다.

고대의 신비와 20건의 가장 큰 포인트 폭락들

이제 같은 기준을 주식시장 역사상 가장 큰 포인트 폭락들에 적용하되, 조사를 상위 10건에서 상위 20건으로 확대하면 어떨까? 여전히 안식년과 연관성이 유지될까?

주식시장 역사상 상위 20건의 포인트 폭락들 중 얼마가 엘룰-티슈리 월 주기와 연결되어 있을까? 절반 이상인 55퍼센트다!

그중 얼마가 특별히 안식년 절정의 끝, 재정 면제의 때와 연결될까? 75퍼센트다!

얼마나 많은 폭락들이 안식년과 연관되어 있을까? 75퍼센트다!

얼마나 많이 엘룰 월, 그 전날 밤, 안식년, 또는 그 여파와 연결되어 있을까? 85퍼센트다!

이러한 현상은 거듭해서 나타나는데, 이상하게도 일관되게 그러한 현상을 보여 준다.

근접의 신비

만일 우리가 주식시장 역사상 5건의 가장 큰 포인트 폭락들을 가지고 각각의 사건이 금융계와 관련된 안식년 신비의 파급효과가 도달하고자 하는 지점 곧 엘룰과 티슈리 월이 안식년 끝에 집중되는 곳에서 얼마나 가까운지 알아본다면, 어떤 일이 벌어질까? 그 목표지점 즉 탄착점은 오로지 (이전이 아닌) 그 이후에 오는 것에만 영향을 미칠 수 있고, 우리는 7년 기간 안에 그것이 일어나는 곳, 그것이 안식년의 가장 큰 탄착점에서 얼마나 근접해서 또는 얼마나 떨어져서 발생하는가로 그 폭락을 표시할 것이다.

만일 특별한 요인이 작용하지 않는다면, 우리는 그 폭락들의 평균이 약 50퍼센트 가까이 되거나 평균이 안식년 끝에서부터 3년 반 정도 곧

7년 주기의 절반이 되는 시간이 될 것으로 예상할 수 있다. 하지만 우리가 발견하는 결과는 놀라울 정도로 예상과 다르다.

- 다섯째로 큰 주식시장 포인트 폭락

  : 성경 탄착점과의 근접도 – 99.609퍼센트!

- 넷째로 큰 주식시장 포인트 폭락

  : 성경 탄착점과의 근접도 – 97.54퍼센트!

- 셋째로 큰 주식시장 포인트 폭락

  : 성경 탄착점과의 근접도 – 100퍼센트!

- 둘째로 큰 주식시장 포인트 폭락

  : 성경 탄착점과의 근접도 – 99.375퍼센트!

- 가장 큰 주식시장 포인트 폭락

  : 성경 탄착점과의 근접도 – 100퍼센트!

5건의 가장 큰 주식시장 포인트 폭락과 안식년의 가장 큰 탄착점과의 평균 근접도 및 집중도는 99.305퍼센트다!

5건의 가장 큰 퍼센티지 폭락들 배후의 신비

미국 역사상 5건의 가장 큰 포인트 폭락들 중에서 대체 얼마가 안식년의 절정 여파 내에서 또는 절정 그 자체의 순간에 발생했을까? 100퍼센트다!

3건의 가장 큰 퍼센티지 폭락과 유대력의 3일

월 스트리트 역사상 가장 큰 퍼센티지 폭락들 중 상위 3건은 '블랙 먼데이'(검은 월요일)나 '블랙 튜스데이'(검은 화요일)로 명명된다. 그것들은 안식년 곧 티슈리 월을 금융 파급효과의 핵심 달로 결정하는 신비와 어떤 연관이 있는가? 여기 역사상 가장 큰 3건의 퍼센티지 폭락들의 날짜를 눈여겨보라.

- 둘째로 큰 퍼센티지 폭락 – 1929년 블랙 먼데이

  : 티슈리 월 24일

- 셋째로 큰 퍼센티지 폭락 – 1929년 블랙 튜스데이

  : 티슈리 월 25일

- 가장 큰 퍼센티지 폭락 – 1987년 블랙 먼데이

  : 티슈리 월 26일

월 스트리트 역사상 3건의 가장 큰 퍼센티지 폭락들, 그리고 그것들이 발생한 달력상의 모든 날들이 유대력상 3일이라는 기간 내에 발생했다.

모든 폭락 중 가장 큰 폭락

만일 우리가 모든 시기 중 가장 큰 2건의 폭락을 살펴본다면 어떨까? 즉 역사상 가장 큰 포인트 폭락과 퍼센티지 폭락 말이다.

- 각각의 폭락은 티슈리 월과 연결되어 있다. 하나는 티슈리 월 한복판에서 일어났고, 다른 하나는 그것이 시작되는 날에 일어났다.

- 각각은 7년이라는 성경적 주기 끝에 일어났다. 즉 안식년의 절정이나 여파 때 일어나는데, 그때는 금융계에 엄청난 변화와 면제, 파급효과가 나타나는 고대의 신비가 지정해 놓은 시간이다.

우리는 이 다림줄을 높이 들었다. 만일 역사상 가장 큰 붕괴들에 특별한 요인이 작용하지 않았다면, 역사상 가장 큰 금융 붕괴들은 그 해 전체에 걸쳐 다소간 고르게 분포해야 한다. 우리는 몇 가지 근거에 따라 이 문제를 조사했고, 몇 가지 탐사, 시험, 변수들을 적용했다.

그 결과 특별한 요인이 아주 많이 작용하고 있었다. 그리고 그 현상의 표시로, 모든 것이 동일한 고대 성경의 신비를 가리킨다. 만일 세계 주식시장의 붕괴가 범죄 행위라면, 안식년은 그 범죄 현장에 남긴 증거로 인해 벌써 기소됐어야 할 것이다. 그만큼 안식년이 주도적으로 영향을 미치기 때문이다. 그 수와 연관성과 집중도와 비율과 규모와 일관성에 있어서 현대의 금융변동을 아우르고 있는 흔적들은 차고도 넘친다.

이제 우리는 그 신비를 다른 수준에서 다룰 것이다. 안식년의 비밀은 단순히 세계 경제계와 금융계 막후에서 작동하는 하나의 현상에 불과한 것이 아니다. 그것은 또한 심판과 연결되어 있는 현상이기도 하다. 안식년의 역동이 심판 쪽으로 움직여 가는 것이 가능할까? 그 대답은 재앙에 준하는 사건의 발생과 안식년이 징조들의 신비와 합쳐지는 날들에 있다.

4부
안식년의 비밀과 징조의 날

13
9/11 안식년

징조의 날

시내 광야에서 시작된 신비에는 더 큰 맥락이 있다. 바로 심판이다. 안식년은 복이나 심판을 몰고 올 수 있다. 안식년은 하나님을 거역하고 그 기초에서 돌아서며 그분을 삶에서 몰아내는 나라에게 심판의 표적으로 임하며, 그 심판은 특별히 그 나라의 복이나 그것이 유지되는 근원 곧 그 금융계와 경제계를 강타한다.

만일 한 나라의 배도가 점점 더 분명하고 심각해지면, 안식년의 표적들도 그처럼 점점 분명하고 심각해질까? 그리고 우리는 이와 같은 현상을 목도할 수 있을까?

이제 우리는 안식년이 징조의 신비와 결합되는 또 다른 무대로 이동한다. 그것은 국가적·국제적 규모의 재앙 형태로 드러난다.

안식년이 시작되다

2000년, 미국경제는 경기성장세를 보이고 있었다. 기록에 따르면, 최장기였다. 동시에 미국은 지속적·점진적으로 하나님을 떠나고 있었다. 이때 안식년이 다가왔다. 안식년을 앞둔 봄에 주식시장이 하락하기 시작하여 하락세는 2002년까지 지속되었다.

안식년은 2000년 9월에 시작되었다. 당시 주식시장이 하락하고는 있었지만, 경제는 아직 침체에 빠지기 전이었다. 몇 가지 요인들이 침체의 조짐을 보여 주었는데, 그중 하나는 고용, 다른 하나는 매출, 그리고 또 하나는 생산이었다.

2001년 3월, 고용은 정점을 찍고 하락하기 시작했다. 이것은 여타의 경제적 하락 징후들과 결합해 경기침체의 서막을 열었다. 그리고 2001년 봄, 안식년 한복판에 주식시장과 경제, 국가의 금융계와 경제계가 함께 붕괴되었다.

경기침체의 핵심 요인 중 하나는 산업생산이다. 경기침체가 선언되기 수개월 전, 미국의 산업생산이 감소하기 시작했다. 한 해 동안 감소율이 6퍼센트에 육박하며 지난 경기침체의 생산감소를 능가했다.

하락세는 언제 시작되었는가? 미국의 산업생산은 2000년 9월에 정점을 찍고 하락하기 시작했다. 안식년은 생산감축을 유발한다. 언제 안식년이 시작되었는가? 안식년은 정확하게 2000년 9월 30일에 시작되었다. 생산감축은 언제 시작되었는가? 그 해 9월 말이다. 안식년과 국가의 산업생산 하락세가 동시에 시작되었다.

안식년의 절정 – 2001년 9월

우리가 본 것처럼 안식년은 외관상 거의 부지불식간에 시작되지만, 그 강도는 엘룰 월 29일, 면제의 날이라는 극적인 결말을 향해 나아가며 증강된다.

안식년은 2000년 가을에 시작되었다. 이때 경기하락세의 첫 번째 징후가 따랐고, 봄이 될 때까지 경제가 침체되었다. 그런데 그것은 안식년의 극적인 절정이 발생한 2001년 가을로 향하고 있었다.

첫 번째 경고

한 나라가 심판의 위험에 직면하고 있다는 징후는 무엇인가? 국가적 심판에 대한 고전적이고 성경적인 심판의 징후 중 하나는 파멸이 닥치기 몇 해 전에 경고가 주어진다는 것이다. 이때 원수가 그 땅을 쳐서 나라의 보호막이 해체되고, 국경과 국가안보에 구멍이 생긴다.

이러한 침공은 시간과 범위 면에서 매우 조심스럽고 제한적이다. 그것은 흔들어 깨우는 알람, 즉 심판에 대한 강력한 경고다. 그런 후 그 나라에는 하나님께 돌아오든지 아니면 계속 그 길로 가다가 파멸하든지 은혜의 유예기간이 주어진다. 이것이 첫 번째 징조인 것이다.

이 첫 번째 징조가 2001년 9월 11일 미국 땅에 나타났다. 당시 미국의 보호막이 걷혔다. 적이 침공하여 미국의 국가안보에 금이 갔다. 그 침공은 시간과 범위 면에서 매우 조심스럽고 제한적이었다. 그것은 흔들어 깨우는 알람이었다. 하지만 9/11의 여파로, 미국은 고대 이스라엘이 공격을 당한 이후 보인 것과 정확하게 같은 반응을 보여 주었다. 사실상 미국은 돌이키기를 거부했고, 심지어 그 배도는 더 오만한 양상을 띠었다. 그러자 고대의 심판의 징조들이 나타나기 시작했다.

9/11은 마구잡이로 일어난 것이 아니었다. 9/11은 안식년에 일어났다.

9/11 안식년

안식년이 특별히 그 나라의 금융계와 경제계에 영향을 미치는 것처럼, 9/11도 그랬다. 재앙이 금융가인 남부 맨해튼을 강타했다. 그곳에는 미국의 경제와 금융의 독보적 상징인 쌍둥이빌딩이 우뚝 서 있었다. 재앙은 미국 금융부의 심장을 강타하였고, 그 충격파로 월 스트리트의 가장 유명한 건물들 중 하나가 무너져 내렸다.

하지만 9/11은 좀 더 직접적인 방식으로 월 스트리트를 강타했다. 9/11은 사실상 월 스트리트를 마비시켰다. 뉴욕증권거래소가 문을 닫게 만든 것이다. 재앙은 화요일에 일어났는데, 그 영향으로 월 스트리트는 거의 한 주 동안 문을 닫아 오는 월요일을 주식시장 재개장 날로 잡았다. 그날은 2001년 9월 17일이었다. 시장은 단번에 684포인트로 곤두박질쳤다. 그것은 그날에 이르기까지 미국 역사상 가장 큰 주식시장 포인트 폭락이었다.

세계 역사상 가장 큰 주식시장 폭락들 중 하나에 안식년이라는 고대의 신비가 다시 모습을 드러냈다.

- 2001년의 폭락은 안식년과 연결된다.
- 그것은 안식년 절정의 끝 시간인 2001년 9월에 발생했다.
- 그것은 금융 파급효과 시간인 티슈리 월이라는 성경의 달과 같이한다. 폭락하는 바로 그날 밤, 티슈리 월이 시작되었다.
- 그것은 금융계에 대한 전면적 원천무효를 위해 성경에 지정된 시간인 '일곱째 해 끝'으로, 금융계에 전면적 원천무효를 일으켰다.

2001년 엘룰 월 29일

여기에 한 가지 더 있다. 안식년의 신비에는 다른 어떤 날보다 특정한 하루가 중심에 있다. 그날은 바로 원천무효의 날이자 마지막 절정의 날인 엘룰 월 29일, 재무회계가 소멸되는 날이다. 그때까지 미국 역사상 가장 큰 금융폭락은 언제 일어났는가?

미국 역사상 가장 큰 금융폭락은 엘룰 월 29일, 안식년의 마지막 날에 발생했다. 그날까지 미국 역사상 가장 큰 금융 붕괴가 한 나라의 재무회계를 무효화하기 위해 성경에 정해진 바로 그날에 발생한 것이다. 그것은 그냥 엘룰 월 29일이 아니라, 7년 주기로 오로지 한 차례만 찾아오는 엘룰 월 29일, 한 나라의 금융계에 전면적 원천무효를 유발하도록 지정된 바로 그날에 일어났다.

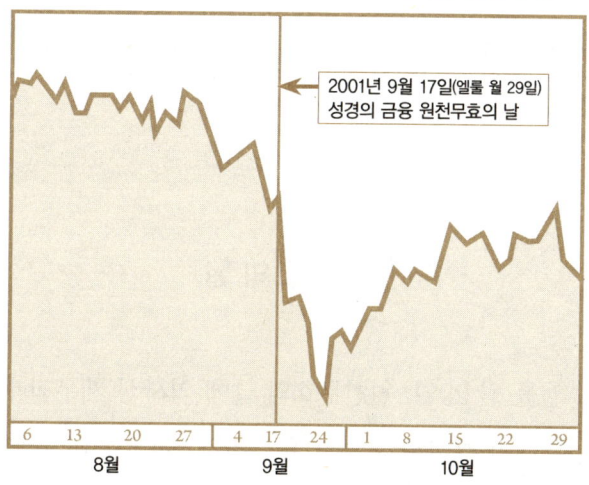

엘룰 월 29일 일몰

그것은 정확히 그날, 정확히 그 시간에 일어났다. 고대의 계명은 '일곱째 해 끝'에 재무회계가 청산되는 것으로 정해 놓았다. 일곱째 해 끝은 우리가 본 대로 일곱째 해의 마지막 날, 엘룰 월 29일, 그리고 좀 더 특별히 그날의 끝인 일몰을 뜻한다. 따라서 모든 채무와 채권에 관련된 회계는 깨끗하게 청산되어 엘룰 월 29일 해 질 때까지 원천무효가 이루어진다. 일몰 순간에 그것들은 원천무효로 간주된다.

엘룰 월 29일은 일몰 전까지 모든 채무와 채권을 취소하고 재무회계를 원천무효화하는 날이었다. 일몰 순간에 티슈리 월이 시작된다. 게다가 그날은 나팔들이 울려 퍼지는 성일이었다. 일몰에 이르는 그 시간에 유대인들은 대성일을 준비했다. 따라서 엘룰 월 29일의 면제는 오후 늦게까지 완료되어야 했다.

원천무효의 날

2001년 엘룰 월 29일, 원천무효의 날에 역사상 재무회계의 가장 큰 무효, 취소, 소멸이 찾아왔다. 이것은 미국 금융계 최대 규모의 단일 변화로 기록되었다. 그날 월 스트리트 회계가 사실상 원천무효화되는 동안 세계 전역의 정통 유대인들은 자신들의 회계를 상징적인 방식으로 원천무효화하고 있었다. 안식년이 뉴욕증권거래소를 휩쓸고 있었다. 월 스트리트 사상 가장 거대한 원천무효가 고대 안식년의 특별한 날에 일어나고 있었다.

그리고 그날 일몰 몇 시간 전, 오후 늦게 그것이 종료되었다. 안식년의 날이 끝나면서 안식년이 완료되었고, 7년 주기도 마감되었다. 월 스트리트 역사상 가장 큰 금융 붕괴가 끝났는데, 그때가 바로 일곱째 해가 마감되던 일몰 시간이었다.

안식년의 마지막 날은 가장 강렬하고 극적인 날이다. 따라서 2001년 안식년의 마지막 날 역시 가장 강렬하고 극적인 날이었다. 그리고 9/11은 그 일부가 되었다. 그것은 안식년 마지막 주를 표시했고, 7년 주기로 보다 앞서 시작된 한 주기를 마감시켰다.

그리고 9/11과 일곱째 해의 끝 사이에는 또 다른 연관성이 있었다. 9/11이 월 스트리트를 거의 한 주 동안 문 닫게 한 까닭에 주식시장은 결과적으로 엘룰 월 29일 재개장으로 나아가는 동안 얼어붙어 있었다. 다시 말해서, 면제의 날은 9/11을 향해 정해진 숫자 위에서 펼쳐졌다. 이것은 엘룰 월 29일 아침을 보여 준 숫자, 그리고 월 스트리트의 붕괴가 시작되고 재앙이 시작된 9/11 아침을 보여 준 숫자와 같다.

주식시장이 관련되어 있는 한, 두 날 사이에는 어떤 빈틈도 없다. 9월 11일과 엘룰 월 29일은 연결되어 있었다. 하나가 열리자 다른 하나가 열린 것이다. 같은 숫자는 8년 후 같은 날 곧 9/11 기념식에 다시 월 스트리트에 나타났다. 투자자들은 이러한 우연을 두고 "오싹하다"고 표현했다.

9/11과 고대의 신비

9/11과 엘룰 월 29일의 연결은 불가피하다. 즉 9/11 사건이 발생하지 않았더라면, 주식시장의 붕괴는 없었을 것이다. 또 그 공격이 그 시간에 발생하지 않았더라면, 주식시장이 바로 그 시간에 붕괴되지는 않았을 것이다. 그리고 주식시장이 그 시간에 붕괴되지 않았더라면, 안식년에는 어떠한 금융 붕괴도 없었을 것이다. 또한 월 스트리트와 티슈리 월 사이에 어떤 연관도 없었을 것이다. 국가 재무회계에 대한 전면적 원천무효화가 한 나라의 재무회계를 청산하기 위해 고대에 정한 그날에 발생하지 않았을 것이다.

그것은 좀 더 세밀한 방식으로 일어날 수 있었다. 9/11 재앙이 일어난 바로 그 시간에 일어나지 않았더라면, 안식년이라는 고대의 신비는 '일곱째 해의 끝'인 엘룰 월 29일이라는 정확한 날에 이루어지지 않았을 수도 있다.

이것은 심지어 9/11의 타이밍까지도 안식년이라는 고대 신비의 일부임을 시사한다. 만일 이런 말을 급진적인 가정으로 치부하고 싶다면, 주전 586년 바벨론 군대가 이스라엘을 멸망시킨 것을 기억하라. 그 타이밍 역시 안식년의 신비와 연결되어 있었다. 따라서 2001년 9월에 발생한 것 역시 그 타이밍이 고대의 신비와 연결되어 있다고 이해할 수 있다.

글로벌 신비

이는 무엇을 말하는가? 그것은 안식년의 신비가 전 세계를 포함하여 우리 삶의 전 영역을 주관할 뿐 아니라 역사의 진로를 좌우한다는 것이다. 이것은 자연적인 기원이나 설명이 아니라 초자연적인 영역에 속한다. 이런 관점으로, 안식년의 가장 크고도 분명한 현상에 대한 묘사를 다시 한 번 살펴보자.

- 그것은 엄청나게 글로벌한 규모 위에서 작동하여 나라의 경계를 초월하고 삶의 전 영역을 포괄한다.

- 그것은 정치계, 문화계, 사회계, 군사계, 심지어 자연계까지도 아우른다.

- 비록 그것이 금융계와 경제계에 직접적으로 영향을 미치더라도, 그 결과는 온전히 다른 영역의 사건들에 의해 격발되거나 동반될 수 있다.

- 그것은 대격변의 사건이라는 형태로 나타날 수 있다.

- 그것은 재무회계뿐 아니라 물리적 실체들, 건물들, 성벽들, 타워들, 그리고 도시들을 무너뜨릴 수 있다.

- 그것은 나라들과 권력들의 풍경을 바꿀 수 있다.

2001년 9월의 안식년은 매우 놀랍게 정밀하고 소름 끼치는, 게다가 세상을 변화시키기에 충분한 것이었다. 하지만 또 다른 고대의 신비가 나타났는데, 그 역시 똑같이 정밀하고 소름 끼치는, 세상을 변화시키기에 충분한 것이었다.

14
안식년과 경기대침체

두 번째 진동

고대의 본보기는 오늘날 미국에서 재연되고 있는 국가적 심판이 어떻게 이루어지고 있는지 보여 준다. 그것은 원수의 공격이라는 형태로 그 나라가 처음 흔들린 그 순간에서 특별하게 멸망의 날로 더 진전된 것이다. 그 진전에는 아래의 두 가지 열쇠가 포함되어 있다.

- 만일 그 나라가 심판의 성격을 띠는 첫 번째 진동과 경고를 거절한다면, 또 다른 심판이 임할 것이고, 심판이 계속 이어져 그 나라가 하나님께로 돌아오든지

아니면 마지막 최종 심판 중에 멸망하게 될 것이다.

- '이사야 9:10 효과', 즉 회개를 도외시하며 그 심판 과정을 폄훼하려는 시도는 오히려 그 나라가 피하려고 애쓰던 바로 그 재앙을 촉발하는 연쇄적인 사건들을 작동시킬 것이다.[7]

9/11 이후 얼마간 미국인들은 곳곳에 있는 경배의 집에 모여 나라를 위해 하나님의 은혜를 구했다. 혹자는 그것이 국가적 부흥, 집단적으로 하나님께 돌아오는 일의 시작일지도 모른다고 생각했다. 하지만 그것은 겨우 3주 정도 지속되었다. 부흥은 없었다. 회개도 없었다. 회개 없는 부흥도 없다. 9/11 이후 수년 동안 미국의 도덕적 타락과 영적 배도는 오히려 그 강도, 깊이, 속도 면에서 가중되었을 뿐이다.

붕괴의 씨앗

9/11 여파로 미국은 고대 이스라엘이 그러했듯이, 그 재앙을 폄훼하고 그 효과를 무시하며 도시를 재건하고 전보다 더 튼실히 하려고 시도했다. 이와 관련하여 우선된 시도가 금융계에서 일어났다. 경제적 재난을 피하고 회복의 견인을 위해 애쓰던 연방준비은행은 목표금리를 잇따라 점진적으로 낮추기 시작했다. 이것은 미국과 글로벌 경제를 변화시킬 금융 및 경제 효과의 연쇄반응을 촉발했다. 그것은 채권과 채무의 증

가, 대출시장과 주택시장 호황, 그리고 주식시장 호황을 양산·촉진했다.

하지만 바로 고대의 원리인 이사야 9:10 효과가 작동했다. 하나의 재앙을 폄훼하려는 시도는 결국 다음의 재앙을 야기할 수밖에 없었다. 그 모든 것으로 인해 경기대침체 이후 가장 큰 금융 붕괴가 찾아왔다.

언제 그것이 시작되었는가? 2001년 9월 17일에 9/11 이후 금리삭감과 관련된 일련의 사태 중 첫 번째가 일어났다. 그런데 그날은 엘룰 월 29일, 안식년의 날이었다. 이처럼 하나의 안식년은 다음 안식년을 위한 무대를 마련했고, 하나의 붕괴에 뿌려진 씨앗들은 그 다음 붕괴를 야기했다.

첫 열매

2002년 늦가을 이후, 주식시장은 계속해서 가파르게 상승했다. 하지만 2007년에 새로운 안식년이 시작될 참이었고, 고대의 신비가 다시 한 번 면모를 드러낼 찰나였다. 그 개시일이 가까워질수록 경제 위험 표지가 점점 더 많이 나타났다. 주택압류와 대출반려가 극적으로 증가했다. 대출과 융자를 반려하던 기관들은 스스로 위기에 빠진 것을 깨달았다. 2001년 이후 새로운 안식년 개시 한 달 전인 8월 9일에 금융업계가 유동성 위기에 빠졌음이 드러났는데, 이것을 글로벌 위기가 시작된 시점으로 보는 이들도 있다.

미국과 글로벌 금융시장에 일어날 위험의 첫 번째 구체적인 징후가 영국에서 발생했는데, 이것이 미국에서 일어날 일에 불을 댕겼다. 2007년 9월 초, 영국에서 다섯째로 큰 대출기관이었던 노던락Northern Rock이 붕괴됐다. 이는 최근 150년 동안 영국 역사상 최초의 뱅크런Bank Run(예금인출 사태)이었다. 노던락의 붕괴는 글로벌 금융 붕괴의 '징조' 중 하나로 여겨졌다. 글로벌 붕괴의 카운트다운이 이날 시작되었다.

이 첫 번째 붕괴는 2007년 9월 13일에 일어났다. 유대력으로 그날은 티슈리 월 1일 곧 안식년 첫날이었다.

주식시장은 어떤가? 금융계에 안식년이 찾아왔다는 징후가 있었는가? 당시 주식시장은 수년간 서서히 상승하고 있었다. 안식년은 2007년 9월에 시작되었는데, 10월 10일에 동력이 꺾이며 주식시장이 붕괴되기 시작했다. 그 일 후 얼마 되지 않아 경기침체를 맞게 됐다.

안식년의 시작과 2007년 붕괴

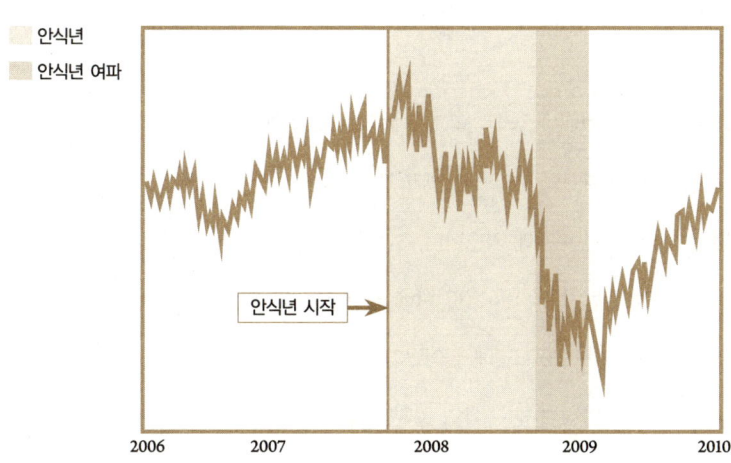

심해지는 폭풍

안식년 동안 주식시장이 붕괴되었다. 2008년 봄, 가장 독보적인 글로벌 투자 회사인 베어스턴스Bear Stearns가 붕괴되면서 안식년의 징후들이 증가하기 시작했고, 생산뿐 아니라 거래, 노동, 무역도 감소했다. 가을이 다가오며 안식년이 절정으로 향하자, 글로벌 금융 위기도 급격하게 악화되었다.

9월 초에는 미국 대출시장의 절반을 소유하고 있거나 지원하던 두 기업이 붕괴되어 경제대공황 이후 가장 극적인 개입으로 정부의 손에 들어가게 되었다. 안식년이 끝나기 2주 전, 미국에서 넷째로 큰 투자은행인 리먼브라더스Lehman Brothers가 붕괴되기 시작했다. 그 몰락은 경제대공황 이후 본 적 없던 글로벌 금융 및 경제 붕괴를 촉발했다.

7년 주기의 진동

- 미국의 첫 번째 진동에는 물리적 파괴와 붕괴가 포함된다. 그리고 두 번째 진동에는 금융계 및 경제계의 파괴와 붕괴가 포함된다.
- 안식년의 신비는 7년 주기에 기초한다.
- 미국의 첫 번째 진동인 9/11은 2001년에 일어났다. 그리고 두 번째 진동인 금융 붕괴는 7년 주기로 2008년에 일어났다.
- 금융 붕괴는 2008년 9월 곧 9/11이 일어난 달에 7년 주기로 일어났다.

- 붕괴는 9월 둘째 주 곧 9/11이 일어난 그 주에 7년 주기로 시작됐다.
- 미국이 9/11 7주기 기념식을 진행하던 하던 때, 두 번째 진동인 금융 붕괴가 월 스트리트에서 진행되었다.

2008년 엘룰 월 29일 – 원천무효의 날

글로벌 금융붕괴는 2008년 9월 29일에 그 정점에 이르렀다. 그날 아침 뉴욕증권거래소의 개장을 알리는 종이 울리고 거래가 개시되어야 했지만, 종소리는 들리지 않았다. 관측자들은 그것을 일종의 조짐으로 간주했다. 그 조짐을 따라 2001년 폭락까지도 능가했다. 그것은 규모 면에서 월 스트리트 역사상 모든 폭락을 능가하는 미국 역사상 가장 큰 주식시장 포인트 폭락이었다. 그날에 고대의 신비가 다시 나타났다.

- 역사상 가장 큰 폭락은 안식년인 2008년에 일어났다.
- 그것은 안식년의 절정인 2008년 9월에 일어났다.
- 그것은 금융 파급 효과의 달인 티슈리라는 성경의 달과 연결되었고, 나팔절 시작을 알리는 쇼파르(양각나팔) 소리와 함께 그날 저녁에 마감되었다.
- 그 폭락은 금융계의 전면적 원천무효를 위해 성경에서 정한 바로 그 시간 곧 '일곱째 해 끝'에 금융계의 전면적 원천무효를 이루었다.

그리고 그 신비는 좀 더 경악할 만한 수준으로 정확해졌다. 모든 주식시장 폭락 중 가장 큰 폭락이 어느 때 일어났는가? 주식시장 역사상 가장 큰 폭락은 엘룰 월 29일, 안식년, 원천무효의 날에 일어났다!

미국 및 세계 역사상 가장 큰 금융 붕괴는 한 나라의 재무회계를 청산하기 위해 성경에서 정해 놓은 바로 그날에 일어났다. 그 붕괴는 단순히 엘룰 월 29일이 아니라 7년에 한 번 찾아오는 엘룰 월 29일, 한 나라 금융계의 전면적 원천무효를 위해 지정된 7년 주기 중 단 하루 24시간 안에 일어났다.

그것은 재무회계의 파기가 이루어지도록 지정된 날과 시간에 발생하여 오후 늦게, 일몰 전, 원천무효가 완료되어야 하는 그 시간에 끝났다.

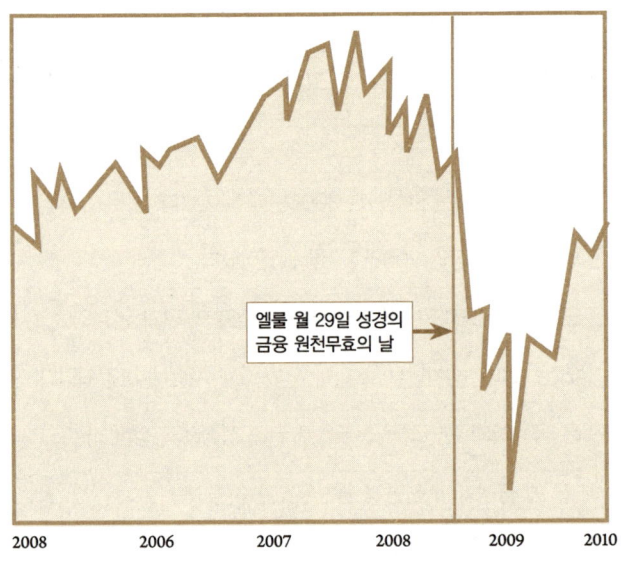

2008년 엘룰 월 29일 - 금융 붕괴와 관련된 성경의 날

이제 그것은 7년 전, 성경의 원천무효의 날, 엘룰 월 29일에 일어난 것처럼 역사상 가장 큰 재무회계의 원천무효로 나타났다.

세계 전역의 정통 유대인들이 다시 재무회계를 원천무효화하자, 실제로 월 스트리트의 회계 역시 원천무효가 되었다. 고대의 신비는 하나의 광대하고 엄청난 안식년 속에서 뉴욕증권거래소를 시작으로 세계의 주요 증권거래소까지 세계 전역을 가로지르며 각국의 금융계를 거듭 원천무효화하고, 파기하며, 청산하고, 변화시켰다.

고대의 신비는 거듭해서 이전보다 더욱 정밀하게 혹은 더욱 놀랍게 나타날 수 있었다. 그 주기는 2001년 9월 17일 일몰 순간에 시작되어 2008년 9월 29일 일몰 순간에 막을 내렸다.

상상을 초월하는 현상

현상의 규모를 감안할 때, 그것은 경악할 수준을 뛰어넘는다. 이는 세계 역사상 가장 큰 두 번의 주식시장 폭락과 9/11의 타이밍을 결정했을 뿐 아니라 그 사건들 중 하나가 필연적으로 나타나도록 불러낸 고대의 신비다. 그 모든 사건들은 미국 및 세계사의 진로에 영향을 미쳤고, 그것을 변경시켰다. 그 막후에는 고대로부터 지정된 한 신비가 놓여 있었다.

지금껏 살펴본 현대의 가장 큰 금융 및 경제 붕괴와 관련해 고대의 신비가 남긴 무수한 연관들과 흔적들은 다음과 같다.

- 2000년대에 오직 두 종류의 주식시장 붕괴만 '역사상 가장 큰 주식시장 포인트 폭락'이라는 타이틀을 갖게 되었다. 그 양자는 우연찮게도 유대력상 정확하게 같은 날짜 곧 엘룰 월 29일에 일어났다.
- 각각이 일어난 날은 고대로부터 성경에 지정된 날이었다.
- 각각은 수년에 걸쳐 오직 한 번만 출현하는 바로 그 하루에 일어났다.
- 이렇게 수년에 한 번 같은 날 월 스트리트에서 발생한 바로 그 일이 금융계의 전면적 원천무효의 날로 고대로부터 특별히 성경에서 지정한 날에 일어났다.
- 고대의 신비는 이러한 전면적 재무회계의 원천무효가 정확하게 성경의 7년 주기로 발생한다고 정한다. 두 개의 가장 큰 폭락은 엘룰 월 29일에 발생했을 뿐만 아니라, 날짜까지도 정확하게 성경의 7년 주기에 따랐다.

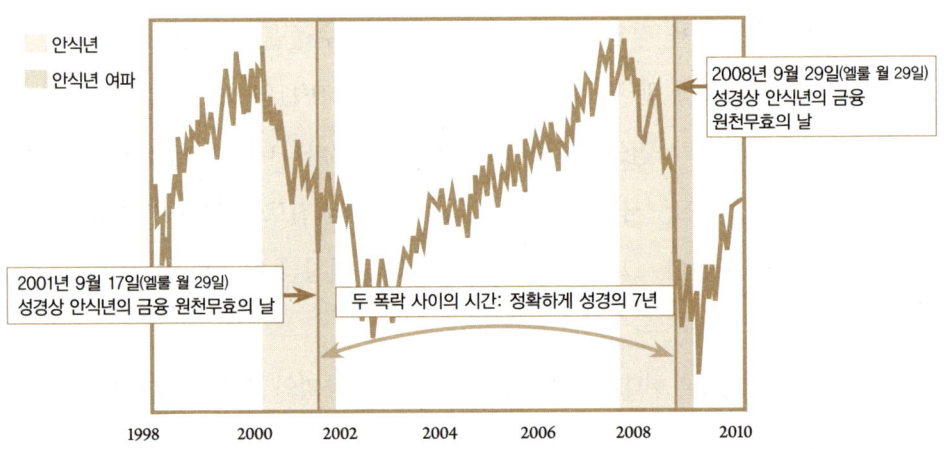

2,569일 현상

현상을 잘 살펴보면, 메시지가 명확해진다. 9/11에 의해 격발된 붕괴로 2001년 9월 17일은 역사상 가장 큰 주식시장 포인트 붕괴의 날이라는 타이틀을 갖게 되었다. 그것은 재무회계의 전면적 원천무효를 위해 성경에 지정된 그날에 발생했다. 고대의 신비는 첫째 사건 이후 7년 만에 그 사건을 재연하여 또 다른 재무회계의 대규모 원천무효가 일어날 것을 정해 놓았다. 이것이 성경적 음력, 양력, 유대력에 의거한 7년이다.

고대의 신비에 따르면, 둘째 사건이 일어나도록 정해진 시간은 2,569일이다. 2008년의 붕괴는 정확히 첫째 사건 이후 고대로부터 지정된 2,569일이 경과한 날에 일어났다. 첫째 폭락은 2,569일 동안 역사상 가장 큰 주식시장 붕괴라는 타이틀을 갖게 되었고, 그 정확한 수는 고대의 신비 안에 정해져 있었다. 그런데 고대로부터 지정된 정확히 똑같은 유대력 상의 날에 발생한 두 번째 붕괴가 그것을 추월했다.

보이지 않는 손

주식시장의 상승과 하락은 세계 도처 시장에서의 무수한 금융거래, 사람들의 반응과 상호작용, 계산, 감정, 기분에 영향을 미치고, 각각의 상황은 다음 상황에 영향을 미친다. 이 모든 과정이 금융계 및 경제계의 무수한 발전들의 결과이며, 그 누구도 이러한 현상이 일어나도록 원격으로 조종할 수 없다. 오로지 보이지 않는 손에 의해서 그 일이 일어날 수 있을 뿐이다. 그 정밀함과 결합된 복잡성은 상상을 초월한다.

안식년의 신비는 지난 두 번의 현현을 통해 규모와 정밀함에서 더 강화된 것으로 보인다. 이것은 미국 및 대다수 현대세계의 영적·도덕적 몰락의 강화 및 가속화와 병행되는데, 그 현상은 매우 압도적이다. 안식년의 신비는 주식시장과 경제, 미국과 다른 나라들, 그리고 이 글을 읽고 있는 모든 이들의 삶과 진로에 영향을 미친다.

그리고 이것이 끝이 아니다. 우리는 고대의 신비가 아무도 예상하지 못한 방식으로 또 아무도 상상하지 못한 영역에서 작동한다는 것을 알게 될 것이다. 그리고 그것은 향후 도래할 일들에 관해서도 말해 줄 것이다.

신비의 다른 영역으로 들어가기 전, 우리는 마지막으로 폭락과 관련된 하나의 계시를 풀 것이다. 그 계시에는 기이한 일련의 사건들 중 하나가 포함되어 있다.

15
7의 비밀

안식년 수

안식년의 신비와 얽혀 있는 수는 7이다. 안식년은 일곱째 해이고, 7년 주기의 끝이다.

7은 또한 안식년에서 나온 면제의 수이다. 엘룰 월 29일 금융계가 청산될 때, 원천무효가 되는 채권과 채무는 과거 7년의 것들이다. 따라서 안식년 효과는 과거 7년, 전체 7년 주기로 확장된다. 안식년은 안식의 해이다. 그리고 7이 안식의 수인 것처럼 안식년의 수이기도 하다.

그렇다면 안식년에 발생한 역사상 가장 큰 주식시장 포인트 폭락이

7이라는 수의 형태로 안식년의 표식을 간직하고 있을까?

다음은 그 현상이나 안식년의 비밀에 중심적이거나 핵심적인 내용은 아니지만, 본질상 흥미로운 현상이 아닐 수 없다.

7이라는 표식

- **7년 표식** – 역사상 가장 큰 포인트 폭락은 엘룰 월 29일에 일어났다. 이는 일곱째 해 끝이며 7년 주기의 완결이다.

- **일곱째 달** – 가장 큰 폭락은 티슈리 월 저녁에 시작되었다. 티슈리 월은 종교력으로 일곱째 달이다. 따라서 그 폭락은 유대력으로 가장 거룩한 시간, 일곱째 달로 이끄는 그날에 일어났다.

- **7000억** – 폭락은 긴급경제안정에 관한 법률을 통과시키지 못한 의회에 의해 촉발되었다. 그 법안은 2008년 9월의 경제 붕괴에 대한 반응이자 미국의 금융 시스템을 구하기 위한 시도였다. 당시 긴급구제를 위해 채택된 액수는 7000억 달러였다.

- **7퍼센트(2001년)** – 2001년 안식년 마지막 날에 7년 동안 축적된 것 중 얼마가 월 스트리트에서 소실되었을까? 바로 7퍼센트다.

- **7퍼센트(2008년)** – 일곱째 해 마지막 날에 월 스트리트에서 몇 퍼센트가 사라졌을까? 이것 역시 7퍼센트다.

- **777포인트** – 일곱째 해 마지막 날 실제로 얼마나 많은 포인트가 소실되었을까? 777포인트다.

타임키퍼

주전 598년 유다 왕국이 멸망되던 때, 생존자들은 향후에 어떤 일이 벌어질지 도무지 가늠할 수 없었다. 유다 백성이 대규모로 바벨론에 포로로 잡혀가면서 땅은 황무지가 되었다. 당시 예상되는 시나리오는 이스라엘 땅에 다시는 유다 나라가 존재할 수 없으리라는 것이었다. 하지만 실제로 펼쳐진 미래는 전혀 달랐다.

어떤 일이 벌어질 것인지, 그리고 정확하게 언제 그런 일이 벌어질 것인지에 대한 비밀은 이미 안식년의 신비 안에 들어 있었다. 바벨론 유수는 그 나라를 무너뜨린 안식년의 신비에 의해 결정된 타이밍에 근거해 70년 동안 지속되었다. 그리고 그 시간이 차자, 포로들이 돌아왔다.

안식년은 그 나라의 심판에 대한 타이밍과 관련된 비밀을 간직하고 있었다. 안식년은 늘 타이밍과 연결되어 있었고, 그 타이밍은 항상 7이라는 수와 연결되어 있었다. 주전 586년, 안식년이 예언적 징조들과 국가적 심판의 영역으로 움직여 갈 때, 그것은 7이라는 수 곧 70년 동안의 황폐, 7년 주기를 나타내는 해, 안식년이 풀린 기간, 말하자면 내내 7의 연쇄를 따랐다.

7의 여정

만일 우리가 안식년 절정의 끝에서 시간을 거슬러 올라가 7의 신비를 좇아가는 여정을 시작한다면 어떤 일이 벌어질까? 특별히 마지막 안식년의 마지막 날, 마지막 시간 곧 777이라는 수를 찍은 가장 큰 주식시장 포인트 폭락 끝에서 이 여정을 시작한다면 어떨까? 때는 2008년 9월 28일, 시간은 오후 4시. 폐장 종이 울리고, 폭락이 끝났다. 여기서부터 시간을 거슬러 올라가 7의 연쇄를 좇아 보자.

해의 연쇄

폭락을 마감하는 종으로부터 성경의 해인 7년을 정확히 거슬러 올라가면, 어느 지점이 나올까?

미국 역사상 가장 큰 또 다른 포인트 폭락의 날인 2001년 9월 17일 월요일로 이어진다. 좀 더 자세하게 그것은 오후 4시, 폐장 종이 울리던 때, 다른 붕괴의 마지막 시간으로 연결된다. 7년이라는 유대력의 해는 폐장 종이 울리던 마지막 폭락의 순간에서 또 다른 폭락의 순간으로 이어진다.

날의 연쇄

이제 그 7년 표식과 2001년 폭락과 관련된 폐장 종으로부터 시간을 거슬러 올라가 다시 한 번 7의 연쇄를 7일간, 제7일까지 좇는다. 월요일 오후 4시부터 일요일 오후 4시까지, 첫 번째 24시간이라는 기간이 있는데, 바로 첫째 날이다. 그런 다음 연쇄는 아래와 같이 진행된다.

- 일요일 오후 4시부터 토요일 오후 4시까지 – 둘째 날
- 토요일 오후 4시부터 금요일 오후 4시까지 – 셋째 날
- 금요일 오후 4시부터 목요일 오후 4시까지 – 넷째 날
- 목요일 오후 4시부터 수요일 오후 4시까지 – 다섯째 날
- 수요일 오후 4시부터 화요일 오후 4시까지 – 여섯째 날

시간을 거슬러 일곱째 날은 화요일 오후 4시에 시작한다. 이것이 중요한가? 그렇다. 이 일곱째 날은 바로 2001년 9월 11일이다.

따라서 전체적으로 일곱째 날은 계속 시간을 거슬러 올라갈 경우 화요일(9월 11일) 오후 4시에 시작된다. 여기에는 화요일 오후, 화요일 오전, 월요일 저녁(9월 10일), 그리고 오후 늦게까지 포함될 것이다. 9/11 공격이 발생한 때가 이 시간 한복판이다. 7의 신비는 단순히 2001년 주식시장 폭락이라는 순간뿐 아니라 9/11로도 연결된다.

시의 연쇄

이제 우리가 다시 한 번 7시간이라는 7의 연쇄를 좇는다면, 어떤 일이 일어날까? 9월 11일 화요일 오후 4시에 시작하여 7시간을 거슬러 가

보자.

- 오후 4시부터 오후 3시까지 – 첫째 시간
- 오후 3시부터 오후 2시까지 – 둘째 시간
- 오후 2시부터 오후 1시까지 – 셋째 시간
- 오후 1시부터 오후 12시까지 – 넷째 시간
- 오후 12시부터 오전 11시까지 – 다섯째 시간
- 오전 11시부터 오전 10시까지 – 여섯째 시간

이런 식으로 하면 일곱째 시간은 화요일 오전 9시부터 10시 사이이다. 이것이 중요한가? 물론이다. 이 시간은 9/11과 관련된 중요한 시간이다. 이 시간이 다가오면서 첫 번째 타워가 타격을 입었다. 그리고 그 시간 초입에 두 번째 타워가 공격 당했고, 그 시간이 끝나기 직전에 두 타워 중 첫 번째 것이 붕괴됐다. 이렇게 7의 신비는 다시 9/11 아침 시간으로 이어진다.

두 번의 타격은 17분 간격으로 일어났다. 7시간의 끝은 오전 9시로 이어지고, 그 타격들 사이의 간격은 17분 안쪽이다.

분의 연쇄

만일 7의 신비를 분의 영역까지 좇는다면 어떤 일이 일어날까? 신비는 이미 오전 9시로 이어졌다. 두 번째 비행기가 남쪽 타워와 충돌한 것이 오전 9시 3분이었다. 따라서 7의 연쇄는 2008년 월 스트리트 폭락에서부터 타격 지점으로 연결된다.

이제 7이라는 주기 곧 7분 주기를 두 차례 더 거슬러 올라가면, 결국 8시 46분에 이르게 되는데, 이 시간은 첫 번째 타격이 발생한 시점, 즉 정확히 9/11이 시작된 시점이다.

폐장 종에서 타격 시간까지

성경의 '일곱째 해 끝'에 시작하는 안식년 절정의 신비는 777이라는 수와 주식시장 붕괴와 관련된 폐장 종에서 또 다른 폐장 종으로 이어진다. 거기서부터 그것은 2001년 9월 11일로, 그 다음 공격 시각으로, 그 다음 두 공격 사이의 분으로 연결된다.

7의 신비

이처럼 안식년의 신비에는 한 나라의 금융계 및 경제계에 대한 타격이 포함되어 있다. 그리고 그것은 그러한 영역을 넘어 주전 586년과 2001년 9월 11일에 그랬던 것처럼 국가적 재앙, 심지어 도시와 국가들에 대한 공격이 포함될 정도로 확장될 수 있다. 그리고 이러한 재앙들의 타이밍은 주전 586년과 주후 2001년 양자의 경우, 7이라는 안식년의 신비 안에 들어 있다.

2008년의 폭락과 9/11 공격 사이가 2,575일인데, 이것은 총 3,708,000분이다. 그리고 그 신비는 미국의 가장 큰 폭락들 그리고 정확히 분까지는 아니겠지만, 9/11 공격 시각에 이르기까지 정밀 조준한다.

그러나 7의 신비가 없다고 해도, 우리에게는 최근의 역사에서 가장 극적인 세 가지 진동 곧 9/11과 2001년 및 2008년의 월 스트리트 붕괴가 있다. 이것들은 다 안식년과 연결되어 있는데, 타이밍뿐 아니라 그 기원에서도 그러하다. 2008년 안식년 끝날의 폭락은 2001년 안식년 끝날의 폭락과 연결되어 있었다. 차례로 그 폭락은 9/11에 일어난 일들과 연결되어 있었다.

이 모든 것을 감안하여 우리는 다시 한 번 안식년의 특별한 예언적 의미 곧 삶에서 하나님을 몰아내고 그 자리에 우상과 이방신을 둔 한 나라에 대한 심판의 징조로서의 예언적 의미에 대해 기억해야 한다. 그러한 시나리오 안에서 그 징후는 임박한 일들에 대한 경고로 나타난다.

이제 우리는 안식년의 비밀 안에 있는 새로운 영역으로 들어갈 것이다. 이것은 어떻게 그것이 전부 다 연결될 수 있을까 의아하게 생각할 수 있는 종류와는 너무나 다른 영역이다. 우리가 확인하겠지만, 그것은 이제까지의 나라들의 번영 및 몰락과 밀접하게 연결되고 또 관련이 있다.

5부

안식년과 타워의 신비

16
첫 번째 타워

타워

    타워는 애굽과 메소포타미아 시대 이후 계속해서 문명의 중심점에 세워져 왔다. 역사시대 초기부터 그것들은 왕국, 제국, 도성, 문화의 상징 곧 인간의 포부, 그것들을 만들어 낸 권세의 위대함과 영광을 기리기 위한 상징으로 세워졌다.

믹달림

타워가 힘과 영광의 상징으로 세워질 수 있지만, 성경에서는 그것들이 종종 교만의 상징으로서 세워졌다. 성경에 언급된 첫 번째 타워는 모든 타워들 중 가장 유명하고, 또 그것들의 원형이 되는 바벨탑이다.

또 말하되 자, 성읍과 탑을 건설하여 그 탑 꼭대기를 하늘에 닿게 하여 우리 이름을 내고 창 11:4

이에 대한 설명은 원대한 주제와 파문으로 가득 채워져 있다.

- 첫 번째는 문명이라는 주제다. 타워는 사막에 건설되지 않고 특정한 상황에서 나타난다. 먼저 도시가 생성된 다음 타워가 건설된다. 다시 말해서 타워는 문명과 연결된다. 타워는 그것이 속한 문명의 상징으로서 세워진다.
- 두 번째는 위대함이라는 주제다. 타워를 건설함으로써 사람들은 스스로를 위해 이름을 내려고 한다. 따라서 타워는 위대함을 향한 인간의 포부를 구현한 것이다.
- 세 번째 주제는 더 멀리까지 작동할 것이다.

'타워'에 해당하는 히브리어는 '믹달림' migdalim 인데, 이것은 '믹달' migdal

의 복수형이다. '믹달'migdal이라는 단어는 '가달'gadal이라는 히브리어 어근에서 왔다. 이것을 번역하면 아래와 같다.

- 증가하다
- 높이다
- 승진되다
- 위대하다
- 광대하다
- 확대되다
- 크게 되다

히브리어에서 타워에 해당하는 단어는 위대함과 연결된다. 이것은 위대함에 대한 기념이나 증거라는 아주 오래된 기능과 병행을 이룬다. 심지어 오늘날에도 가장 높은 타워는 어떤 식으로든 위대함의 상징으로서 기능한다.

지난 수천 년 동안 대성당은 지구상에서 인간이 만든 가장 높은 건축물로 여겨졌다. 따라서 이 시대 대부분의 기간에 제도화된 유럽 교회는 지구상에서 가장 큰 권력의 중심 중 하나로 여겨졌다. 하지만 지난 수천 년 역사의 후반에 들어서면서 대성당들은 세속적인 건물들로 대체되었다. 그렇게 세속 건물들은 지구상에서 인간이 만든 가장 높은 구조물이 되었다. 이처럼 타워는 교회 권력에서 세속 권력으로의 거대한 이동을 보여 준다.

타워가 위대함과 연관되어 있다는 것과 성경의 히브리어와의 연관성을 고려할 때, 타워가 올라가는 것이 '높아지는 것' 곧 '위대함을 드러내는 것', '국가들의 위대함을 드높이는 것'을 직접적으로 반영한다고 말할 수 있을까?

세계의 첫 번째 마천루

19세기에 새로운 방식의 건물이 계발되었다. 그전까지는 벽이 건물의 하중을 받쳐 주었는데, 그때부터 안쪽의 강철 골조로 건물이 지지되었다. 이는 단순히 좀 더 실용적일 뿐 아니라 건물이 이전보다 더 높이 올라갈 수 있게 하여 마천루 창조를 위한 길을 열었다.

1860년대 후반, 많은 이들에 의해 세계 최초의 마천루로 간주되는 건물의 건축이 시작되었다. 미국 땅에 건축된 이 건물은 에퀴터블생명보험빌딩이라 불렸다. 그 건물은 최고의 높이, 유용한 층, 경량의 방화 구조, 내부의 금속 골조 프레임과 결합된 세계 최초의 건물로 여겨진다. 또한 엘리베이터로 고객을 이동시킨 세계 최초의 오피스 빌딩이었다.

뉴욕시 브로드웨이 120번지에 건축된 이 건물은 당시 지구상에서 대성당을 제외하고 가장 높은 건물이었다. 그리고 그 건물이 올라간 것은 그와 같은 수많은 고층 건물들이 올라가는 일의 시작이었다.

높아지는 타워와 세계 강대국의 변화

증가, 위대함, 그리고 상승이라는 의미와 타워 사이의 성경적 관련성이라는 관점에서, 이렇게 뉴욕시에서 전례 없이 타워가 올라간 일이 세계 강대국의 지형 변화 및 권력 이동과 연관되어 있다고 말할 수 있을까?

혹자는 뉴욕시에서 세계 최초의 마천루가 올라가는 일이 지구상에서 가장 높은 건물들이 있던 땅인 유럽 통치의 종말을 상징한다고 생각한다. 브로드웨이 120번지에 세워진 타워는 미국의 타워들이 지구상의 모든 건물에 대한 지배권을 행사하던 시대를 선도했다.

이러한 세계 타워들의 변화가 세계 강대국의 이동도 반영했을까? 만약 그랬다면, 그 변화는 낡은 세계에서 새로운 세계로의 이동을 반영하는 것일까? 과연 어떤 변화가 일어난 것일까?

지난 19세기 마지막 10년 동안, 세계에 극적인 변화가 일어났다. 그 기간에 미국은 역사상 산업과 경제, 대규모 농업, 대기업 등 가장 큰 경제 성장을 이룩했다. 어느 때에 그런 일이 시작되었는가?

그 시작점으로 보이는 해는 1870년으로, 미국에 타워가 완성된 해와 같다. 그 타워는 '도금시대'Giled Age의 시작을 상징하며 그 나라를 산업강국으로 변화시켰다. 타워가 올라가면서 미국 역시 세계 강대국으로 발돋움하게 되었다.

좀 더 특별하게 그 타워는 1870년 중반인 5월 1일에 완성되었다. 그런데 그 장면 막후에서 특별한 변화가 일어나고 있었고, 그것은 다음 세기와 그 이후 세계 역사의 진로를 완전히 변화시켰다. 이러한 엄청난 변화가 나타났던 해는 그 타워가 완성되고 7개월 후에 시작되었다.

1871년, 미국은 대영제국을 추월하여 지구상에서 가장 큰 경제대국이 되었다. 타워와 관련된 히브리어 단어에서 연원한 '가달'gadal의 뜻 중 하나는 '확장되다'이다. 그리고 그것이 정확하게 일어났다. 1870년에 타워가 완성되었고, 1871년에 미국은 지구상 최고의 경제대국이 되었다. 말 그대로 미국은 커졌고, 높아졌고, 위대해졌다.

1870-1871년에 일어난 이러한 강대국의 변화는 세계 역사에 엄청난 파급효과를 초래했다. 그것은 제1차 세계대전, 경제대공황, 제2차 세계대전, 냉전, 그리고 우리가 알고 있는 현대의 진로를 결정했다.

타워가 올라가다

1870년의 타워는 새로운 시대의 시작을 알렸다. 그것은 지구상 최강의 경제 대국으로서의 미국의 출현을 알릴 뿐 아니라 타워와 관련해 미국의 탁월성을 드러낸 것이기도 했다. 그것이 완성된 순간부터 계속해서 미국은 지구상에서 가장 높은 빌딩이 있는 땅이었다. 그것은 한 세기 동안 지속적으로 특별한 도전자 없이 그 특징을 유지했다. 지구상 가장 높은 타워들이 계속해서 미국 땅에 올라가면서 미국 자체도 세계무대에서 그 힘과 탁월함이 지속적으로 올라갔다.

20세기가 시작되면서 '믹달'migdal과 연결된 고대의 신비인 '가달'gadal, 위대함과 연결된 타워는 지속적으로 나타났다. 타워가 올라가면서 미국은 세계 강대국으로 부상하였다. 그리고 미국의 타워들이 전에 도달하지 못했던 높이에 이른 것처럼, 미국 역시 세계사에서 어떤 나라 제국도 이르지 못한 강대국의 경지에 이르게 되었다.

고대 중동에서 시작된 타워의 신비가 이제 현대 세계와 미국 땅에서 나타나고 있었다. 그 신비는 현대사에서 강대국의 거대한 이동의 중심에 서게 되었다. 그것은 '미국의 세기'로 알려진 시대의 출현 막후에 서게 되었다. 그리고 그 파급효과는 전 세계 구석구석에 미쳤다.

하지만 20세기가 저물어 가면서 그 신비 안에 새로운 발전이 일어났다. 그리고 그 변화는 미국 및 세계의 미래와 관련하여 심각한 파문을 일으켰다.

이러한 파문과 미래와 관련된 것들을 살펴보기 전에 한 가지 질문에 답해야 한다. 타워는 안식년과 어떤 관련이 있을까?

17
네 개의 타워

타워들의 시대

20세기를 지나면서 경제적 초강대국으로 대두되기 시작한 미국은 지구상에서 가장 높은 타워들을 더 높이 세웠다. 20세기 초, 미국은 독일의 울름대성당을 능가하는 온갖 종류의 높은 건물을 세웠다. 그리고 1930년대 초, 지구에서 인간이 만든 가장 거대한 구조물인 마천루와 여타의 것들을 세웠다.

미국이 세계 초강대국으로 부상하면서 같이 두각을 나타낸 것은 바로 뉴욕시였다. 미국이 초강대국이 되면서 뉴욕시는 세계의 중심 도시가 되었다. 20세기에 뉴욕은 세계 금융과 문화의 중심, 그리고 다수의 눈으로 보기에 세계 자본 곧 세계 강대국의 중심이 되었다.

이와 같은 시기에 뉴욕시가 지구상에서 가장 높은 타워들이 있는 도시가 된 것은 그리 놀라운 일이 아니다. 이제 세계에서 가장 높은 건물들이 우후죽순으로 뉴욕 도로에서 무섭게 올라갔다. 20세기 내내 뉴욕시는 세계에서 가장 높은 건물들이 11개나 있다고 자랑하였다.

미국의 타워들이 더 높이 올라가면서, 그 나라의 세력도 커졌다. 미국의 세계무대로의 진출은 세계대전의 영향으로 극적으로 추진되고 가속화되었다. 전쟁 한복판에 세계에서 가장 큰 타워들을 건설하려는 움직임이 유례 없을 정도로 폭발했다. 이것은 1930년과 1931년 사이에 일어난 일이다. 그 짧은 기간에 자그마치 4개의 구조물이 세계에서 가장 큰 건물이라는 명성을 얻었고, 모두가 미국, 그것도 뉴욕시에 건설되었다.

1930-1931년은 또 다른 특징이 있는데, 바로 안식년이었다.

첫 번째 세 타워

네 타워 중 첫 번째 타워는 울워스빌딩으로 1913년 곧 제1차 세계대전 발발 직전에 791피트 높이로 세워졌다. 그리고 1930년 봄, 그것을 능가하는 두 번째 타워 곧 뱅크오브맨해튼트러스트빌딩이 928피트 높이로 들어섰지만, 그 영화도 잠시였다. 완공 30일이 못 되어 그것보다 높은 세 번째 건물이 들어섰다.

1930년 5월에 완공된 크라이슬러빌딩은 세계에서 가장 높은 건물이 되었을 뿐만 아니라 지구상에서 인간이 만든 가장 높은 구조물인 프랑스의 에펠탑을 능가했다. 그 건물은 최초로 사람이 지구상에 만든 구조물 중 1,000피트를 넘는 것이었다.

1930년, 안식년이 다가오는 시기에 각기 다른 세 개의 타워가 세계에서 가장 높은 건물이라는 왕관을 썼다. 하지만 안식년이 개시되었을 때, 인간의 손으로 세워진 가장 유명한 건물 중 하나가 될 네 개의 타워 중 가장 거대한 건물의 등장이 예고되었다.

네 번째 타워

엠파이어스테이트빌딩은 1930년 1월에 기공되어 1931년 봄, 곧 1930-1931년 안식년의 한복판에 완공되었다. 그 높이는 꼭대기층까지 1,250피트에 달하고, 첨탑까지는 1,454피트였다. 엠파이어스테이트빌딩의 완공은 인간 역사상 타워를 올리던 가장 열띤 시기의 끝으로 기록된다. 이후 수년 동안 다른 어떤 건물도 그 높이에 범접할 수 없었다. 그것은 40년 동안, 곧 20세기에 다른 어떤 건물보다 오랫동안 세계에서 가장 높은 건물이라는 왕좌에 앉았다.

엠파이어스테이트빌딩은 미국과 전 세계의 우상이 되어 '세계 8대 불가사의'라 불리기도 했다. 그것은 인간 성취의 상징일 뿐 아니라, 특별히 미국의 성취를 상징하며 서 있었다. 또한 미국의 문명이 이제껏 이룩한 전례 없던 힘, 그리고 비할 바 없는 규모를 구현한 것이었다.

사실 그것은 향후에 어떤 일이 일어날지를 보여 주는 적합한 상징이었다. 제2차 세계대전이 시작되면서, 미국은 어느 나라도 경험하지 못했던 강대국의 반열에 올라갔다. 그리고 가장 큰 도시 한복판에 세워진 타워는 그 위용과 높이로 인해 가장 눈에 잘 띄는 강력한 상징이 되었다.

제2차 세계대전이 끝나자, 뉴욕시는 열렬히 승전을 축하했다. 그야말로 미국이 열강의 우두머리가 된 새로운 시대가 열렸다. 축하하는 무리 사이에 우뚝 솟은 그 나라의 타워가 도시의 지평선을 장악하고 문명의 타워와 위대함을 연결 짓는 고대의 연관성을 증언하며 서 있었다.

타워와 안식년

엠파이어스테이트빌딩과 성경적 안식년의 연관성은 일종의 타이밍이 아니라 환경이었다. 그것이 올라가던 시기에 미국은 금융 붕괴 및 경제 붕괴 상태에 있었다. 그 타워는 경제대공황의 늪에서 세워졌다.

이 모순은 더욱 공고히 드러나고 있었다. 미국이 경제 붕괴의 수렁으로 빠져들어 가고 있는데, 그런 와중에 거대한 타워가 올라가고 있었다. 경제대공황으로 인해 엠파이어스테이트빌딩은 완공 1년 후 텅텅 비었다. 타워는 미국의 영화, 그 힘의 위대함, 자원의 무궁함, 그리고 그 높이의 위용을 자랑했다. 반면, 대공황은 다른 메시지를 전했다. 그것은 그 나라의 허약함, 가련함, 무능력, 그리고 번영의 붕괴를 증언했다. 궁극적으로 미국은 대공황에서 벗어나 세계 강대국의 높은 지위를 오래도록 유지했다. 하지만 높아지는 타워와 안식년이 가지는 의미 사이의 모순적인 관계가 계속 유지되고 있었다.

미래의 어느 날엔가 또 다른 건물이 올라가면서 그 나라의 위대함을 자랑할 것이다. 하지만 안식년의 신비는 그렇게 올라가는 것을 포위해 버린다. 본질상, 타워는 힘과 영광을 말하지만, 안식년은 전혀 다른 것을 말한다. 그것은 그 나라의 복과 힘이 오로지 하나님으로부터 온다는 것을 상기시켜 준다. 또한 하나님이 없으면, 그것들은 반드시 망한다.

타워와 경고의 날

《징조》는 미국이 나라로서 온전하게 형성되던 첫날 미국에 주어진 예언적 경고를 보여 준다. 그 경고는 안식년의 메시지와 병행된다. 결과적으로 그것은 다음과 같다. 즉 미국의 복은 하나님에게서 온다. 만일 나라가 하나님에게서 돌아서고 그분의 길을 거절하면, 하나님의 복은 그 땅에서 사라진다.

《징조》는 그 경고가 주어진 날짜가 1789년 4월 30일임을 보여 준다.[8] 그 날짜는 타워의 신비에서, 특별히 1930년과 1931년이라는 핵심적인 해에 다시 나타날 것이다.

네 개의 타워 중 첫 번째 타워의 왕좌는 1931년 4월 30일에 종말을 고했는데, 바로 예언적 경고가 있던 기념식에서였다. 두 번째 타워는 경고의 기념식 때 완공되었을 뿐만 아니라 그 경고가 주어진 장소와 같은 곳에 세워졌다. 두 번째 타워의 왕좌는 같은 해 봄 세 번째 타워가 완공되면서 종말을 고했다. 세 번째 타워는 한 해 동안 지구상에서 가장 높은 건물로 서 있었다. 차례대로, 그 왕좌는 그 예언적 경고가 주어진 날과 같은 날인 4월 30일에 종말을 고했다. 그렇게 엠파이어스테이트빌딩이 지구상 가장 높은 건물이 된 때는 4월 30일이었다.

마지막 타워

수년 후 9/11로 세계무역센터가 무너진 다음, 엠파이어스테이트빌딩은 뉴욕 지평선에서 가장 높은 건물로 다시 우뚝 서게 되었다. 2012년, 그라운드 제로 타워가 올라가면서 마침내 그것이 엠파이어스테이트빌딩을 누르고 뉴욕 지평선에서 가장 높은 건물이 되었다. 언제 이 일이 일어났는지 아는가? 《징조》에 주어진 날짜, 곧 4월 30일에 일어났는데, 그라운드 제로는 4개월 앞서 공개되었다.

엠파이어스테이트빌딩은 그 건물이 당시 지구상에서 가장 높은 건물이었던 크라이슬러빌딩을 추월한 바로 그날에 추월당했다. 차례로, 크라이슬러빌딩은 이전에 그 타이틀을 가지고 있던 건물 곧 미국에 예언적 경고가 주어진 날과 같은 날 완공된 그 건물을 누른 후 세계에서 가장 높은 건물이 되었다.

이처럼 네 개의 타워는 모두 예언적 메시지가 선포된 날, 곧 미국이 하나님에게서 돌아설 것에 대한 경고를 받던 때에 왕좌에 오르거나 왕좌에서 내려왔다. 이제 엠파이어스테이트빌딩을 뒤로하고 또 같은 날에 다섯 번째 타워가 올라갔다.

이처럼 타워의 신비는 국가적 경고와 연결되어 있다. 그리고 안식년과도 연결되어 있다. 타워들은 미국의 문명이 올라가서 우뚝 선 그 높이를 자랑했다. 하지만 안식년은 그 모든 복이 하나님에게서 오고, 그분 없이는 그것이 남아날 수 없음을 상기시킨다. 또한 예언적 메시지는 미국이 하나님에게서 돌아서면, 그 복도 끝날 것임을 경고했다.

1931년 엠파이어스테이트빌딩의 완공으로 높은 타워들의 시절이 마감되었다. 그 시절은 세계무역센터가 올라간 때까지였다. 따라서 안식년 역시 가장 높은 미국의 타워들이 마지막으로 올라가면서 끝났다. 물론, 안식년의 끝은 엘룰 월 29일에 왔다. 하지만 양력으로 높은 타워들의 시대를 마감시킨 안식년은 9월 11일이었다.

미국이 '열강의 우두머리' 역할을 자임하면서, 타워들의 신비는 더욱 더 중요하고 예언적인 결과를 지니게 되었다. 이제 새로이 또 다른 건물 곧 두 개의 타워로 이루어진 건물이 올라갔고, 그것은 엠파이어스테이트빌딩이 쓰고 있던 왕관을 빼앗았다. 그 건물이 올라가면서 안식년과 타워의 신비가 결합되었다. 그리고 그것의 붕괴는 징조들의 시작과 국가적 심판에 대한 경고음을 냈다.

18
힘의 상징

미국의 정점

1945년, 미국은 제2차 세계대전 이후 3천여 년 전 성경에서 '열강의 우두머리'로 묘사했던 독특한 지위를 획득하며 세계무대의 전면에 등장했다. 미국의 해군은 세계의 바다를 순찰했고, 미국의 통화는 세계 금융시스템을 단단히 결속시켰으며, 미국의 통상과 문화는 온 땅을 지배했고, 미국의 군사력은 '세계 경찰'로서 미국에 위임된 임무를 수행했다. 미국은 세계 역사상 초유의 상대적 우위와 주도권을 갖게 되었다.

한 나라의 위대함과 타워라는 건물 사이의 고대적 연관성은 이제 열강의 우두머리와 새로운 글로벌 질서의 중심 기둥으로서 미국의 역할을 구현할 새로운 건물을 세우는 데 찬성표를 던졌다. 이제 세계 강대국인 새로운 정점의 미국과 연결된 타워들이 올라갈 수 있을까?

잉태

1944년 7월, 제2차 세계대전의 종전을 예상하며 44개국 대표단이 뉴햄프셔 브레톤우즈에 모여 미국 달러에 기초한 새로운 글로벌 경제 질서와 전쟁에 의해 망가진 국가 경제의 재건을 위한 기초를 놓았다. 그들은 무역을 확대하는 것이 해결책이라고 생각했다. 그리고 미국이 새로운 시대에 세계 무역의 중심이 되었다.

제2차 세계대전이 끝나고 미국이 초강대국으로 대두된 1945년, 플로리다 전 주지사이자 부동산업자이던 데이비드 숄츠가 최초로 그 도시의 무역과 항만 활동을 진작시키기 위해 월 스트리트 곁 남부 맨해튼에 '세계무역센터'를 세울 것을 제안했다. 그것은 세계 무역을 진작하고 신세계 질서에서 미국의 역할을 공고화하기 위한 목적으로 고안된 프로젝트였다.

1946년, 뉴욕 주 입법부는 세계무역센터 개발을 위해 월드트레이드 코포레이션 World Trade Corporation 발족을 허가했다. 이에 그 해에 기금을 출연해 이스트 강 일대를 구입하고 그 위에 유엔 본부를 세웠는데, 그것 역시 뉴욕시에 있었다. 이 프로젝트들은 모두 세계 중심으로서의 미국의 새로운 지위를 재확인해 주었다.

세계무역센터는 미국이 강대국의 정점이던 1945년에 구상되었다. 그리고 1945년은 안식년이었다.

건설

1958년, 데이비드 록펠러가 남부 맨해튼 개조를 위한 청사진을 제안했다. 그 계획에는 세계 무역을 전담하는 복합 사무 공간이 포함되어 있었다. 같은 해 11월에 넬슨 록펠러가 뉴욕 주지사로 선출되었고, 1961년에 세계무역센터 법안에 주지사 록펠러와 뉴저지 주지사 리차드 휴가 서명했다. 그리고 무역센터를 위해 허드슨 강 일대 16에이커의 토지가 새로이 추가되었다.

1966년 3월, 뉴욕 주 연방고등법원은 세계무역센터와 관련된 마지막 법적 걸림돌을 제거했다. 이로써 건설을 위한 길이 열렸다. 계획에 따르면, 세계무역센터는 두 개의 타워가 중심을 이룬다. 1966년 3월 21일, 공사를 위해 나지막한 건물들을 제거하는 철거 작업이 시작되었다. 1966년 8월 5일, 거대한 콘크리트가 공사 부지로 들어가면서 본격적인 기공을 알렸다. 이 1966년 역시 안식년이었다.

안식년은 1965년 9월 27일에 시작되어 1966년 9월 14일에 끝났다. 이 안식년의 한복판에 건설 부지에서 공사가 개시되어 안식년이 끝나가기 전에 건축이 시작됐다. 다시 말해서 세계무역센터의 건설이 안식년에 시작된 것이다.

완공

센터의 북쪽 타워에 대한 철강 작업은 1968년 8월에 시작되었고, 남쪽 타워에 대한 철강 작업은 1969년 1월에 시작되었다. 1970년 12월 23일, 북쪽 타워의 마지막 기둥이 110층에 자리를 잡았다. 그리고 1971년 7월에 남쪽 타워에서 제막식이 열렸다.

1972년에 북쪽 타워의 상층이 완성되면서, 엠파이어스테이트빌딩의 40년 왕좌가 종말을 고했다. 이때부터 세계무역센터가 지구상에서 가장 높은 건물이 되었다.

세계무역센터 공사가 공식적으로 마감되어 1973년 4월 4일에 항만청 주재로 리본커팅식이 열렸다. 그런데 이 해 역시 안식년이었다. 안식년은 1972년 9월 9일에 개시되어 1973년 9월 26일에 끝났다. 그런데 바로 그 해에 세계무역센터가 엠파이어스테이트빌딩을 능가하여 지구상 가장 높은 건물이 되었다. 안식년의 한복판인 1973년 4월에 준공된 것이다.

파괴

2001년 9월, 어느 따뜻하고 구름 한 점 없이 화창하던 날 오전 8시 46분, 아메리칸 에어라인 11편의 보잉 767기가 세계무역센터 북쪽 타워를 들이받았다. 그로부터 거의 17분이 지난 오전 9시 3분, 유나이티드 에어라인 175편의 또 다른 보잉 767기가 남쪽 타워와 충돌했다. 오전 9

시 59분에 남쪽 타워가 엄청난 먼지 구름을 일으키며 붕괴되었고, 오전 10시 28분에는 북쪽 타워가 붕괴되었다.

한때 지구상에서 가장 높았던 건물이 순식간에 무너졌다. 미국이 세계 초강대국의 역할을 맡게 된 역사적 순간에 잉태된 그것이 하얀 먼지 구름이 되어 사라져 버린 것이다. 미국의 우월성과 세계 질서의 기념비로 서 있던 건물이 이제 폐허가 되었다. 2001년은 세계무역센터의 붕괴로 상징되는데, 2001년 역시 안식년이었다.

안식년은 2000년 9월 30일에 시작되어 2001년 9월 17일에 끝났다. 9월 11일은 고대 달력으로 엘룰 월 23일인데, 그때는 안식년의 마지막 절정 주간이다. 이처럼 세계무역센터는 안식년에 파괴되었다.

두 가지 신비

2001년 9월에 일어난 세계무역센터의 붕괴는 그날까지 이어져 오던 안식년과 타워들의 신비와 관련되어 있다. 세계무역센터와 고대의 신비의 연관성에는 놀라울 정도로 일관성이 있다. 세계무역센터의 연대기는 다음과 같다.

- 1945년 안식년에 구상되었다.
- 1966년 안식년에 공사가 시작되었다.
- 안식년의 시작과 끝 7년 기간에 세워졌다.

- 1973년 안식년에 공사가 마감되어 준공되었다.
- 2001년 안식년에 파괴되었다.

이 현상의 배후에 무엇이 있는가? 그리고 이것이 미국과 세계에 대해 갖는 의미와 메시지 또는 경고는 무엇인가?

19
타워의 신비

맹세

안식년과 타워 사이에는 어떤 연관이 있으며, 그 의미는 무엇일까? 이에 대한 답을 듣기 위해, 우리는 이스라엘 땅에 대한 공격 곧 임박한 심판에 대한 첫 번째 경고 후에 언급된 고대의 맹세로 돌아가야 한다. 아래는 그 맹세에 대한 정황이다.

주께서 야곱에게 말씀을 보내시며 그것을 이스라엘에게 임하게 하셨은 즉 모든 백성 곧 에브라임과 사마리아 주님이 알 것이어늘 그들이 교만

하고 완악한 마음으로 말하기를 벽돌이 무너졌으나 우리는 다듬은 돌로 쌓고 사 9:8-10

맹세는 다음과 같은 말로 시작된다. "그들이 교만하고 완악한 마음으로 말하기를." 이것은 타워의 신비와 무슨 관계가 있을까? 그 연관성이 우리말에서는 잘 드러나지 않는다. 하지만 히브리어 원문에는 그것이 나타난다.

오만과 교만

'완악한'으로 번역된 단어는 히브리어 '고델'godel이다. '위대함'이나 '완악함'으로 번역될 수 있는 이 단어는 '가달'gadal이라는 어근에서 파생되었다. 이 단어는 앞에서 이야기했듯이 '믹달'migdal 곧 '타워'를 뜻하는 히브리어 단어에서 파생되었다. 이와 같이 가달이라는 단어는 규모, 확대, 위대함만 말하는 것이 아니라 오만함, 자랑, 교만도 의미한다. 따라서 타워는 문명의 규모, 크기, 위대함을 상징하면서 오만함, 자랑, 교만을 상징할 수도 있다.

징조의 신비가 고대에 발생한 공격 이후 언급된 이사야 9장 10절의 맹세와 9/11 테러로 타워가 파괴된 것과 연관되어 있기에 더욱 두드러진다. 그리고 맹세 안에 암시된 오만함을 묘사하는 히브리어 원어는 타워를 뜻하는 히브리어 원어와 연결되어 있다. 9/11에 파괴된 바로 그 건물 말이다.

바벨의 영

타워와 교만 사이의 연관성은 성경에 기록된 첫 번째 타워, 또 그것이 올라가기 시작하던 것을 묘사하던 단어에서 찾아볼 수 있다.

> 자, 성읍과 탑을 건설하여 그 탑 꼭대기를 하늘에 닿게 하여 우리 이름을 내고 창 11:4

이것은 타워에 의해 구현된 세 번째 주제 곧 교만이라는 주제다. 바벨탑의 목적은 세우는 이들 자신의 "이름을 내는" 것이었다. 어떻게? "탑(타워)의 꼭대기를 하늘에 닿게" 세움으로써 말이다. 바벨탑은 하나님과 같아지려고 애쓰는 인간이 자신의 의지와 힘으로 하늘에 오르려는 열심이었다. 이는 한마디로 인간이 신이 되려는 시도였다. 이사야 9장 10절의 재건에 주입되어 있는 것처럼, 그것은 동일한 반항 정신으로 세워졌다.

하지만 이것은 또 다른 주제를 불러온다. 바벨탑의 건축은 심판을 초래했다. 그리고 이사야 9장 10절의 재건 역시 심판을 초래했다. 이처럼 타워는 교만과 완악함의 구현이 될 수 있으며, 이로 인해 심판의 초점이 될 수 있다.

타워와 안식년

안식년과 타워 사이에는 어떤 관계가 있을까?

타워는 위대함과 함께 종종 교만을 상징한다.
→ 안식년은 인간의 교만을 무너뜨려 나라를 겸비하게 하고 겸손을 일으킨다.

타워는 인간이나 한 문명의 힘과 영광에 대한 기념비로 서게 된다.
→ 안식년은 인간에게 그들의 연약함을, 나라에게 하나님에 대한 전적 의존을 상기시킨다.

타워는 한 나라의 번영과 부에 대한 증거로 서게 된다.
→ 안식년은 그 나라에 부의 원천이 하나님이시며, 그분이 없으면 그러한 복을 누릴 수 없음을 상기시킨다.

타워는 통치와 주권에 대한 인간의 요구를 자랑한다.
→ 안식년은 하나님의 주권과 통치 앞에서 인간의 통치와 주권에 대한 요구를 거절한다.

타워는 올라간다.
→ 안식년은 무너뜨리는 것과 관련되어 있다.

타워는 한 나라가 강대국으로 대두되는 것을 상징할 수 있다.
→ 심판의 형태를 띤 안식년은 그런 한 나라의 몰락과 연결된다.

타워는 축적을 나타낸다.

→ 안식년은 축적된 것을 쓸어 버린다.

타워는 높이에 대한 추구를 나타내는데, 목표는 기초에서 멀어지면서 더 높이 올라가는 것이다.

→ 안식년은 기초로의 회귀를 나타낸다.

타워가 무너지는 일은 충돌이나 붕괴의 형태로 올 수 있다.

→ 금융계에 대한 안식년의 영향은 결과적으로 하락, 붕괴, 폭락으로 이어진다.

하나님의 심판이 이스라엘 땅에 임했을 때, 그 나라가 축적한 것은 사라지고, 건물들은 바닥에 깔렸다.

→ 안식년이 찾아올 때, 금융계 및 경제계에서 그 나라가 축적한 것이 사라진다. 안식년은 회계를 평준화하여 그것이 시작되기 전까지 수년간 축적해 온 모든 것을 바닥 수준으로 돌려 놓는다.

샤마트

안식년의 히브리어 슈미타shemitah는 '샤마트'shamat라는 히브리어 어근에서 파생되었다. '샤마트'는 '해방하다'와 '면제하다'로 번역될 수 있는데, 안식년에 빚이 면제되거나 빚에서 해방되는 것과 같다. 그것은 또 지켜오거나 유지해 오던 것을 더 이상 지키지 않거나 유지하지 않는 것과 같다. 또한 인간이 붙잡고 있는 것을 자유롭게 해서 그것이 자연적인 진로를 따라 진행하여 자연적인 결과에 이르게 하는 것을 뜻할 수 있다.

샤마트는 '분리하다'와 '떼어놓다'라는 뜻일 수 있다. 또한 '느슨하게 하다', '흔들다', '뒤엎다', '던지다', '단절하다', '추락시키다', '붕괴하다'를 뜻할 수도 있다.

이 모든 것은 안식년의 규례에 적용될 수 있다. 사람들은 해방되고, 소유권에 대한 그들의 요구가 사라지고, 채권과 채무에 관한 회계가 없어지고, 그 땅에서 분리되어 그 땅이 자연적인 진로를 따르도록 둔다.

하지만 안식년이 심판의 형태로 나타날 때, 이 모든 일들은 새로운 의미와 현상을 띠게 된다. 주전 586년, 안식년은 심판의 형태로 나타났다. 하나님은 그 나라에 붙잡고 있던 것을 풀어 놓으셨다. 그분은 그 보호막을 떼어 거두셨다. 그러자 바벨론 군대가 국경을 넘어 들어왔고, 그 나라는 기초까지 흔들렸다. 몰락은 기정사실이 되었다. 나라는 뒤집혔고 던져졌다. 왕국은 붕괴되고 단절되었다. 이것이 바로 심판 형태의 안식년 또는 샤마트였다.

높은 타워들

심판에 대한 성경적 징후들은 높아진 것이 무너지고, 높고 오만하던 것이 낮아지는 것이다.

대저 만군의 여호와의 날이 모든 교만한 자와 거만한 자와 자고한 자에게 임하리니 그들이 낮아지리라 … 모든 높은 망대와 사 2:12-15

고대로부터 현대세계에 이르기까지 가장 '높아진' 것과 가장 '교만하고 거만한' 것은 타워로 상징되고 있다. 그러므로 한 나라가 심판 아래 있다는 가장 분명한 성경적 징후들은 그 '높은 타워들'이 무너지는 것이다.

영광이 끝나는 날

우리는 타워와 위대함 사이의 연관성, 그리고 현대의 가장 높은 타워와 미국이 세계 강대국으로 대두되는 것 사이의 연관성을 살펴보았다. 그 둘이 결합되던 해인 1870년은 새로운 시대가 시작되던 때였다. 당시 지구상 가장 높은 타워들이 연속해서 미국 땅에 세워졌고, 그것은 미국 자체가 계속해서 세계무대에서 상승했던 것과 같다.

1870년부터 20세기 내내 '세계에서 가장 큰'이라는 타이틀을 보유하고 있던 건물들은 다 미국 땅에 세워졌다. 그중 대다수는 뉴욕에 세워졌다.

하지만 20세기가 저물어 가면서 변화가 생겼다. 지구상 가장 높은 타워들의 땅 미국의 시대가 끝나가고 있었다. 세계에서 가장 큰 건물들은 이제 다른 나라에도 세워졌다. 1998년 말레이시아의 페트로나스타워는 미국의 가장 높은 타워를 누르고 지구상 가장 높은 건물이 되었다. 2003년에는 대만의 타이베이월드파이낸셜센터가 페트로나스타워를 누르고 세계에서 가장 높은 타워가 되었다. 그리고 2010년, 아랍 에미리트의 부르즈할리가 타이베이월드파이낸셜센터를 누르고 지구상 가장 높은 건물이 되었다.

이처럼 미국의 타워들이 여타의 모든 것을 제치고 솟아오르던 시대는 끝났다. 19세기에 시작된 것이 끝이 난 것이다. 새 천년의 가장 높은 건물들은 이제 아시아에서 올라가고 있다.

타워 및 위대함과 관련된 고대의 연결고리는 어떤가? 만일 세계 제일의 마천루가 올라가는 일이 미국이 상승하는 것을 표시했다면, 그리고 미국 땅에서 세계에서 가장 높은 건물들이 계속해서 올라가는 일이 미국이 세계 강대국으로의 지속적인 상승을 표시했다면, 이제 미국의 가장 높은 타워들이 다른 땅, 다른 나라에 가려지고 있는 현실이 뜻하는 바는 무엇일까? 그것은 무엇의 전조일까?

세계에서 가장 높은 건물들 중 위에서 인용된 것들은 각 건물의 최고 고도라는 건축학적 요인을 감안한 것이다. 누군가 안테나를 포함하는 그 건물 꼭대기 높이처럼 다른 기준을 적용한다면, 세계무역센터는 그 세기에 미국에서 가장 높은 건물이었다. 실상 그것은 세계에서 가장 높은 건물이었다. 그런데 그 왕좌는 2000년에 끝이 났다. 그것이 2000년에 끝났다는 것이 중요하다. 왜냐하면 2000년이 안식년이 시작되는 해였기 때문이다.

안식년과 타워의 붕괴

나라가 세워질 때부터 섬기던 하나님을 몰아내고, 그분의 길을 거절하고, 그분의 뜻을 거역하고, 그리고 그분의 소명에 무감각해진 나라에게 안식년은 심판의 형태로 나타난다. 안식년이 규정되고 3천 년대에 접어들면서 미국이 바로 그런 나라였다.

안식년은 2000년 9월에 시작되어 2001년 9월에 절정에 이르렀다. 만일 안식년이 심판의 징후로 미국에 나타나야 했다면, 그 심판의 징후는 2001년 9월에 어떻게 나타나겠는가?

안식년이 의미할 수 있는 것이란 관점에서, 2001년 안식년에 하나님을 삶에서 몰아내고, 문화에서 몰아내고, 그리고 공공의 영역에서 몰아낸 그 나라를 그분이 상관하지 않으신다면 어떻게 되겠는가? 하나님이 미국에 대해 그분이 붙잡고 계시던 것을 놓아 버리셨다면 어떻게 되겠는가? 만일 그분이 한순간이라도 그 나라에서 그 보호막을 걷어 버리셨다면? 그분의 소명에 무감각해지고 귀먹어 버린 한 나라를 그분이 흔드신다면 어떻게 되겠는가?

9월의 신비

2001년 9월 11일 사건은 안식년 마지막 절정 주간에 발생했다. 그 주간에 타워와 안식년의 신비가 같이 찾아왔다. 쌍둥이빌딩이 무너지던 때, 안식년이 그 절정으로 이동했다. 그 두 신비가 결합될 때, 어떤 일이 일어나겠는가? 여기 타워가 한 나라의 위대함의 상징과 그 나라의 교만의 구현체로 서 있다. 또 여기에 안식년이 있다. 그것은 한 나라의 교만을 무너뜨려 겸비하게 하고, 하나님이 없으면 그 나라의 모든 복과 힘이 반드시 사라짐을 상기시킨다.

타워는 상승을 말하며, 안식년은 하강과 축적된 것들을 쓸어 버리는 것을 말한다. 타워는 기초에서 멀어지면서 올라가고, 안식년은 모든 것을 기초로 돌려 놓는다. 고대의 신비와 선지자들의 말에 따르면, 심판의 날은 교만하고 오만한 것이 겸비하게 되고, 높아진 것이 낮아지고, 자고한 것이 내던져진다. 재앙의 날은 특별히 그 땅의 높은 타워에 임한다. 한 나라에 대한 심판의 날, 높은 타워는 무너진다. 2001년 9월 11일, 안식년이 절정에 이른 날 미국의 높은 타워가 고꾸라졌다.

다시 요약하자면, 2001년 9월 안식년 효과가 그 단어의 어근 샤마트에서 드러난 것처럼 나타났다. 그것은 미국을 흔드는 날, 축적된 것이 사라지는 날이었다. 2001년 9월 11일, 미국의 높은 타워는 무너지게 되어 있었다. 세계무역센터는 내동댕이쳐졌다. 하늘 높이 솟구치던 쌍둥이빌딩은 먼지가 되어 붕괴되었다.

그 모두가 일곱째 해 끝 언저리에 일어났다. 그때는 안식년의 영향력이 금융계를 강타할 때였다. 면제의 날, 곧 재무회계가 청산되는 때였다. 그리고 오는 월요일 월 스트리트 역사상 가장 큰 포인트 폭락이 이어졌다.

안식년의 두 가지 붕괴

성경이 엘룰 월 29일, 즉 면제의 날을 말할 때 사용되는 단어가 샤마트이다. 이 단어 역시 2001년 엘룰 월 29일 금융계에 일어난 일을 묘사해 준다. 커다란 '붕괴'가 월스트리트에서 일어났고, 세계의 금융시장은 요동쳤다. 이날 거액이 사라졌고 월 스트리트는 붕괴하게 되어 있었다. 그리고 세계 금융계는 붕괴되었다.

두 가지 폭락

만일 마지막 두 번의 안식년에 해당하는 뉴욕증권거래소의 그래프를 살펴본다면, 두 번의 큰 정점을 발견하게 될 것이다. 그것은 산마루나 뾰족한 마천루가 하늘에 맞닿은 것처럼 보인다.

정점의 소실

심판에는 높아진 것이 낮아지는 일이 포함되고, 안식년에는 축적된 것이 소멸되는 일이 포함된다. 안식년이 시작되자 월 스트리트의 정점들이 하강하기 시작했다. 그리고 안식년이 그 마지막 절정의 날에 이르자, 선들이 급락했다.

월 스트리트는 9/11에 문을 닫아 9월 17일 안식년의 절정 마지막 날에 다시 문을 열었다. 그러므로 그날은 금융계에 대한 9/11의 영향력을 월 스트리트가 보여 준 첫날이었다. 금융계 역사상 가장 큰 주식시장 포인트 폭락은 9/11의 반영이었다. 이처럼 두 가지 사건이 결부되어 있었다.

심지어 타워가 주저앉는 모습이 시각적으로 한때 엄청난 정점에 이른 금융 상황을 보여 주는 그래프의 급락 안에 반영되어 있다. 그것이 한 나라의 금융계 및 경제계의 부든지 아니면 그러한 영역을 구현한 물리적 타워든지, 안식년은 축적된 것들을 쓸어 버린다.

2001년 안식년 절정에 두 가지 폭락이 찾아왔다. 즉 월 스트리트 역사상 가장 큰 규모의 주식시장 붕괴와 두 타워가 땅으로 맥없이 주저앉으면서 발생한 미국 역사상 가장 큰 물리적 붕괴 말이다. 금융계의 내폭과 폭락, 그리고 물리계의 내폭과 폭락이 안식년이 무너뜨리는 동안 함께했다.

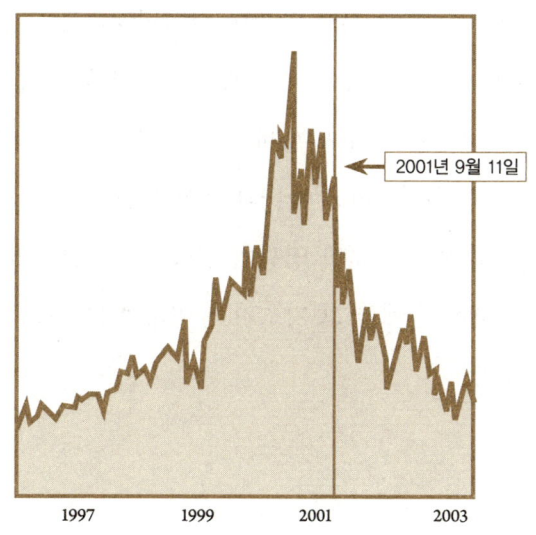

상징의 몰락

한때 그라운드 제로 위에 서 있던 것은 단순히 타워가 아니라 미국의 경제력 및 금융력의 거대한 상징이었다. 쌍둥이빌딩은 외적으로나 내적으로 미국 금융 및 경제의 번영, 우월성, 주권 등을 보여 주며 우뚝 솟은 가장 빛나는 우상이었다. 그것은 제2차 세계대전 종전 이후 확산된 미국 주도의 글로벌 경제 질서를 전형적으로 보여 주었다. 그런데 9/11에 그 상징이 무너졌다.

만일 세계무역센터가 미국의 경제 및 금융의 우월성을 상징했다면, 그것의 붕괴는 무엇을 상징할까? 혹 상징의 몰락이 몰락을 상징하는 게 아닐까? 그리고 미국이 탄생할 때 주어진 예언적 경고는 어떤가? 그 예언적 경고와 그 나라의 가장 높은 타워와의 연관성은 어떤가?

미국의 가장 높은 타워는 미국의 축복과 영광을 뽐냈다. 하지만 동시에 그 경고는 그 모든 복과 영광이 하나님에게서 온 것을 상기시켰다. 그 타워는 상승 곧 그것이 그 기초에서 얼마나 높이 올라갔는지를 전형적으로 보여 주었다. 그러나 이 메시지는 미국이 그 기초에서 돌아선다면, 영광이 지속되지 못하고 하늘의 복이 그 땅에서 사라질 것이라고 경고했다. 한때 미국의 축복과 영광의 전형적인 본보기였던 우뚝 솟은 타워의 몰락과 폐허 속에서 그 기초가 놓여지던 날 주어진 경고의 말씀들이 메아리쳤다.

성전의 함락

여기서 다시 성경에 기록된 역사를 살펴보자. 주전 586년, 안식년은 심판의 형태로 유다 왕국에 임했다. 역대하는 그 심판의 가장 극적인 순간을 다음과 같이 기록한다.

또 하나님의 전을 불사르며 예루살렘 성벽을 헐며 그들의 모든 궁실을 불사르며 그들의 모든 귀한 그릇들을 부수고 대하 36:19

심판에는 적의 공격이 포함되어 있었다. 적은 특별히 한 나라의 가장 유명하고 웅장한 건물들을 공격했다. 그중 핵심은 그 나라의 성전, 곧 그들의 하나님을 경배하는 건물이었다. 그 건물은 불에 타서 파괴되었다. 나라의 거룩한 터가 폐허가 된 것이다.

2001년 9월, 안식년이 심판의 형태로 나타났을 때, 거기에도 역시 미국의 가장 웅장한 건물들에 초점을 맞춘 적의 공격이 포함되었다. 이 중 가장 유명한 것은 그 나라가 점점 더 많이 경배하게 된 신을 상징하는 두 건물 곧 세계무역센터 쌍둥이빌딩이었다. 그 타워는 파괴되었다.

몰락의 의미

우리는 1870년 미국 땅에 출현한 고고하고 독특한 건물, 곧 이전에 세워진 어떤 것과도 같지 않은 한 타워와 함께 타워들의 신비를 살펴보았다. 우리는 한 나라의 타워와 그 나라의 위대함, 규모, 번영, 그리고 그 나라의 힘을 함께 결합시키는 고대의 연관성을 살펴보았다. 우리는 1870년 타워의 출현이 어떻게 미국의 세계 강대국으로의 대두와 관련되는지 살펴보았다.

그런데 두 타워의 검게 그을린 폐허에서 신비가 종결된다. 그럼에도 그 붕괴에서 또 다른 신비가 시작되는데, 고대 이스라엘의 마지막 때에 심판을 경고하며 나타났던 징조들이다. 그것들은 타워의 몰락과 함께 다가오는 심판에 대한 동일한 경고를 수반하며 미국에 나타난다.

이제 반드시 던져야 할 질문이 있다. 만일 타워가 올라가는 것이 미국의 번영을 예견하는 것이었다면, 타워가 무너지는 것은 무엇을 예견하는 것일까?

우리는 이제 안식년의 신비와 관련된 다른 차원을 열기 위해 또 다른 영역으로 이동할 것인데, 그것은 국가의 번영 및 몰락과 관련된다.

6부
안식년과 제국의 흥망성쇠

20
번영

왕국의 안식년

앞서 살펴본 바와 같이 안식년은 영적인 평강과 성장의 계기를 삼는 것만 아니라 본질상 규모를 변경한다. 또한 현실적으로 재무회계를 변화시킨다. 심지어 규모가 가장 작은 곳에서도 세력균형을 변경시킨다. 가장 광범위한 예언적 성취로, 안식년의 결과는 금융계 및 경제계에 국한되지 않고 인간 실존과 역사의 거의 모든 영역으로 확장된다. 그것은 국가들의 풍경을 변화시킬 수 있고, 강대국들의 번영과 몰락을 포괄할 수 있으며, 제국의 운명을 결정할 수 있다.

이는 안식년이 심판의 형태로 유다 왕국에 임했을 때인 주전 586년의 사건에서 명백하게 드러난다. 거기에는 정치 및 군사적 영역, 도시와 왕국의 멸망, 좀 더 큰 규모로는 제국의 번영과 몰락이 포함된다.

그렇다면 안식년의 신비가 현대에도 작용하여 국가들의 흥망성쇠에 영향을 끼칠 수 있을까?

붕괴의 때

1916년 9월부터 1917년 9월은 안식년이었다. 과연 그 해에 중요한 일이 일어났을까? 우리는 앞에서 그 시기에 금융계에서 일어난 일을 살펴보았다. 그것은 '1916-1917년 위기'로 알려진 것으로, 시장 가치 40퍼센트를 날리면서 주식시장 역사상 최장기 폭락 상위 10건 중 하나로 기록되었다.

그런데 우리가 금융계 및 경제계를 넘어서 살펴본다면 어떻게 될까? 우리는 앞에서 안식년이라는 단어의 배후에 '진동하다'라는 동사가 포함되어 있음을 확인하였다. 그렇다면 이 안식년 시기에 중요한 진동이 있었을까?

물론 있었다. 그것은 그때까지 세계 역사상 가장 커다란 진동이라고 할 수 있는 제1차 세계대전이다. 이 기간에 7억 명에 달하는 사람들이 군인으로 복무했고, 1억 5천 명 이상이 목숨을 잃었다. 그것은 규모, 범위, 그리고 본성상 초유의 사태였다.

안식년(슈미타)이라는 단어는 '무너지다', '내던지다' 그리고 '붕괴하다'라는 동사와 연결된다. 세계 역사상 이 시기에 무너짐이나 붕괴가 있었을까? 또는 이 전쟁과 연관된 무너짐이나 붕괴가 있었을까? 있었다. 그런데 하나가 아니다. 안식년이 진행되면서 세계 주요 열강 4개국이 집단적으로 붕괴되었다.

독일제국의 붕괴

독일제국은 1871년에 세워졌다. 제국의 창건부터 제1차 세계대전 발발까지 독일은 세계무대에서 최고의 열강 중 하나가 되었다. 그 나라는 세계에서 가장 강한 군대, 세계에서 두 번째로 강력한 해군, 그리고 세계에서 가장 빨리 성장하는 산업 기반을 자랑했다. 하지만 제1차 세계대전의 결과, 독일제국이 붕괴되었다.

오스트리아-헝가리제국의 붕괴

오스트리아-헝가리제국은 1867년에 세워졌다. 이 제국은 19세기와 20세기 초반 세계무대에서 열강 중 하나로 꼽혔으나 분리 독립을 원하던 소수 민족들로 인해 약화되었다. 그리고 제1차 세계대전의 결과, 오스트리아-헝가리제국이 붕괴되었고, 그 폐허에서 체코슬로바키아와 유고슬로비아가 탄생했다.

오스만제국의 붕괴

오스만제국은 6세기 동안 세계 역사에서 주요한 역할을 담당했다. 지정학적 이점으로 서아시아 대부분과 북아프리카, 유럽 동남부, 아프리카 북동부, 그리고 코카서스를 장악했다. 하지만 제1차 세계대전 막바지에 연합군이 중동을 지나 진격해 오는 바람에 옛 제국의 세기가 붕괴되기 시작했다.

제국의 붕괴로 인해 레바논, 요르단, 사우디아라비아, 그리고 이스라엘이라는 근대국가의 출현을 포함하여 지금의 중동이 만들어졌다.

러시아제국의 붕괴

러시아 차르(황제)의 통치는 제1차 세계대전 수세기 전부터 시작되었다. 러시아제국은 세계 역사상 가장 거대한 제국 중 하나였다. 19세기에 이 제국의 통치는 서쪽으로 발트 해에서 동쪽으로 태평양까지, 그리고 남쪽으로 흑해에서 북쪽으로 북극해까지 이르렀다. 이 제국보다 더 넓은 영토는 대영제국과 몽골제국뿐이었고, 인구가 더 많은 곳은 중국과 대영제국뿐이었다.

하지만 러시아는 제1차 세계대전에 참전하면서 심각한 군사적 손실과 경제적 붕괴를 겪었다. 군인들과 민간인들이 다 같이 위기 수준에 육박할 정도의 불만을 토로하던 중 1917년 봄에 페트로그라드 시에서 혁명이 발발했다. 이어서 차르 니콜라스가 왕위에서 물러나면서 러시아제국이 무너졌다.

1917년 가을, 블라디미르 레닌의 지도 아래 볼셰비키가 '10월 혁명'을 일으켜 임시정부를 전복시켰다. 그것은 역사의 분수령, 곧 최초의 공산주의 국가로, '소비에트 연방'이라 불리는 나라의 탄생이었다.

각각의 붕괴는 전쟁으로 야기되었다. 하지만 전쟁이 지속되는 내내, 그 결과는 전혀 확실하지 않았다. 그리고 이렇게 대다수가 붕괴되리라는 것도 확실하지 않았다. 그렇다면 과연 무엇이 그것을 변화시킬 것일까? 전환점으로 판명된 것은 무엇인가?

1917년 – 전환점

미국은 일찍부터 다른 나라들의 문제에 복잡하게 얽히는 것을 피하려고 애썼다. 글로벌 문제에 관련해 미국은 되도록 간섭하지 않는 정책을 추구했는데, 제1차 세계대전에 직면해서도 그 정책을 유지하고자 노력했다. 하지만 1917년 봄, 일련의 독일 잠수함이 미국 상선을 공격한 후, 미국은 독일에 선전포고를 했다.

1917년은 제1차 세계대전뿐만 아니라 세계 역사 때문에라도 전환점으로 여겨진다. 미국의 참전은 세력균형을 변화시켰고, 사실상 동맹국의 패배와 제국의 붕괴를 기정사실화했다.

그 시기의 안식년은 1916년 9월 28일에 시작되어 1917년 9월 16일에 종결되었다. 미국은 1917년 4월 6일에 제1차 세계대전에 뛰어들었다. 따라서 이 중대한 사건은 미국사와 세계사에서 안식년 현상의 일부로 발생했다.

그것은 세 제국의 붕괴를 야기했다. 당시 러시아제국만이 미국의 개입에 영향을 받지 않았다. 하지만 러시아제국은 똑같이 그 중대한 해인 1917년 봄에 무너졌고, 그럼으로써 안식년 현상의 일부가 되었다. 사실상 이 중대한 두 가지 사건, 즉 러시아 혁명과 미국의 제1차 세계대전 참전은 단순히 안식년 기간에 우연히 일어난 일이 아니었다. 각각의 사건들은 3주 내에 일어났다.

네 제국이 사라지다

네 제국의 붕괴는 현대사의 진로를 극적으로 변경시켰다. 독일제국과 오스트리아제국의 붕괴는 나치즘(독일국가사회주의)과 제2차 세계대전의 무대가 되었다. 오스만제국의 붕괴는 중동 분쟁, 러시아제국의 붕괴는 공산주의와 냉전의 국제적 확산을 위한 무대가 되었다. 네 제국의 붕괴는 안식년인 1917년에 야기되거나 기정사실이 되었고, 그것이 아니라면 그 자체가 그러한 사건들 중 하나였다.

안식년은 축적된 것에 대한 원천무효를 가져온다. 최대한 글로벌하게 적용하면, 이러한 소실은 경제 및 금융 구조뿐 아니라 물리적 구조나 열강들에까지 확장된다.

제1차 세계대전 끝자락에 유럽의 풍경은 폐허로 가득했다. 서부전선에서 동부전선까지, 발칸 반도에서 중동까지 축적된 모든 것이 소실되었다. 그리고 좀 더 넓게 보자면, 수십 년에 걸쳐 세워진 두 제국과 수세기가 걸려 세워진 다른 두 제국이 순식간에 사라지고 말았다.

일몰 시작

제1차 세계대전 및 1917년의 중대한 사건들과 연루된 또 다른 붕괴가 있었다. 당시 모든 식민 열강 중 최고는 대영제국이었다. 대영제국은 16세기 후반에 시작되었다. 이 제국은 전성기에 세계 영토의 1/4을 통치했고, 지구상에 사는 5명 중 1명이 그 지배 아래 있었다. 대영제국은 종전 후 즉시 최대의 지리적 범위에 이르러 '해가 지지 않는 제국'이라 불렸다. 그러나 해가 지려 하고 있었다.

우리는 이미 이러한 쇠퇴의 첫 징후를 본 적 있다. 그때 미국은 최초로 높은 타워를 세웠고 '세계 최대의 경제대국'이라는 타이틀이 대영제국에서 신세계로 이동하던 때였다. 하지만 대영제국 자체의 쇠락까지도 제1차 세계대전과 관련된다. 대영제국은 전쟁에 뛰어들면서 세계 최대의 채권국이 되었다. 하지만 전쟁은 영국의 경제를 파탄내고 국가 채권을 소비하여 세계 최대의 채권국을 빚더미에 앉게 만들었다.

금융 붕괴는 전쟁 막바지로 접어들면서 정점을 찍었고, 제국은 파산을 향해 가고 있었다. 언제 이런 일이 일어났는가? 1917년 안식년에 일어났다. 전후 영국은 점차로 제국을 유지할 수 없을 정도임을 자각하게 되었다. 처음에는 쇠퇴하는 정도가 미미했지만, 세기 중반에 이르러 완전히 붕괴되었다.

올라가는 타워

우리는 안식년과 연결된 몇몇 몰락을 보았다. 그렇다면 그 시기에 올라가는 일이 있었던가? 있었다. 왕국들과 제국들이 몰락하는 동안, 하나가 올라가고 있었다.

제1차 세계대전이 금융 및 경제 대국이었던 대영제국을 침몰시켰으나 미국에게는 정반대의 효과를 미쳤다. 전쟁이 발발했을 때만 해도, 미국은 채무국이었다. 하지만 종전 후 미국은 채무국을 벗어나 세계에서 가장 큰 채권국이 되었다. 대영제국은 이제 다른 세계열강과 더불어 미국에 큰 빚을 지게 되었다.

대영제국에서 미국으로의 역할 이양의 과정은 미국이 세계를 선도하는 경제 대국으로서 영국을 앞지른 19세기 후반에 시작되었고, 이제 그 두 번째 국면에 접어들게 되었다. 대영제국에서 떠난 금융권 및 경제권이 미국에 부어지고 있었다.

전쟁은 세계 강대국의 대규모 권력 이동을 야기했다. 세계 금융계의 중심이 구세계에서 신세계로, 대영제국에서 미국으로 이동했다. 세계 금융의 중심은 더 이상 런던이 아니라 지구상 가장 높은 타워를 자랑하던 도시 뉴욕이었다.

역사가들은 통상 1917년을 미국이 세계 초강대국으로 도약하던 시기로 이해한다. 그 해는 미국이 고립주의를 극적으로 청산한 해였는데, 그것이 핵심적인 전환점이었다. 그때 미국은 명백하게 세계열강의 무대로 들어섰다.

전쟁 끝에 만신창이가 되어 맥이 풀린 유럽 열강은 미국이 지도력을 발휘해 줄 것을 기대했다. 미국은 미처 생각지도 못했던 그 역할을 떠맡게 되었다. 이제 단순히 가장 강력한 경제 대국 또는 세계 금융 및 경제의 중심이 아니라 세상을 선도하는 나라가 된 것이다.

전후 수년간 미국은 이전의 고립주의로 되돌아가고자 했다. 하지만 그런 일은 일어나지 않았다. 미국이 득세하는 것은 돌이킬 수 없었고, 어떤 나라나 제국도 경험하지 못한 정상에 이르렀다. 그리고 그러한 상승은 안식년에 시작되었다.

미국의 세계 초강대국으로의 도약은 제1차 세계대전 한복판에서 시작되어 그 다음 전쟁 끝에 완료되었다. 미국의 제1차 세계대전 참전부터 제2차 세계대전의 잿더미에서 세계 초강대국으로의 도약까지 28년이 소요됐다.

1917년과 1945년 두 해는 미국사와 세계사의 핵심적인 전환점이었다. 그런데 이 두 해는 또 다른 특징을 공유한다. 즉 각각은 안식년이었다. 이처럼 미국의 세계 초강대국으로의 도약은 안식년과 함께 시작되어 안식년과 함께 종결된다. 그리고 1945년, 고대의 신비가 규모와 세력 면에서 제1차 세계대전이 무색할 정도의 압도적인 방식으로 드러났다.

네 번째 안식년과 세계적 격변

　성경에서 4라는 수는 주로 세상 왕국 및 제국과 연관된다. 미국이 제1차 세계대전에서 초강대국으로 부상한 뒤 제2차 세계대전이 도래하기까지 세 번의 안식년이 지나갔다. 그리고 이제 네 번째 안식년이 다가오고 있었다. 이때 세계는 또 다시 격변을 겪게 되었다. 그것은 인류 역사상 가장 잔인한 전쟁으로, 이 전쟁으로 인해 5천만 명이 목숨을 잃었다.

신세계 질서

네 번째 안식년은 1944년 늦여름에 시작되었다. 그것이 다가오면서, 미국을 위시한 연합군은 유럽 침공 곧 '오버로드 작전'Operation Overlord을 시작했다. 하지만 그 해 여름 또 다른 사건이 발생하는데, 거의 아무도 알아차릴 수 없을 정도로 아주 은밀하게 일어났다. 그럼에도 그것은 세계에 막대한 영향을 끼쳤다. 그 일은 뉴햄프셔의 브레톤우즈라는 조용한 동네에서 일어났다.

안식년은 경제계 및 금융계의 변화를 야기하는데, 브레톤우즈협의로 새로운 세계 금융경제 질서가 세워졌다. 세계은행World Bank과 국제통화기금International Monetary Fund 같은 기관이 설립되었고, 극적으로 미국의 달러를 기준으로 하는 신세계 금융 질서가 세워졌다.

채무를 없애 버리며 종결되는 안식년은 새로운 금융 경제의 시작을 야기했다. 브레톤우즈는 새로운 금융경제의 시작과 질서를 초래했다. 이제 미국은 세계의 금융경제 질서가 지속될 수 있는 기반이 되었다. 그것은 안식년이 다가오던 1944년 여름에 계획되어 안식년 한복판인 1945년 여름에 미 의회의 비준을 받았다. 그리고 종전 후 곧 안식년 여파가 있던 때부터 영향력을 행사하기 시작했다.

안식년이 붕괴를 일으킬 때, 브레톤우즈 역시 그랬다. 그것은 세계 무역에서 영국의 파운드 통치 시대에 종언을 고하고, 대영제국의 붕괴를 견인했다. 영국 은행의 고위 관계자는 이 사건을 영국에 '전쟁 다음으로 가장 큰 한 방을 먹인 사건'이라고 묘사했다.

대륙의 붕괴

안식년은 1944년 9월에 시작되어 1945년 9월까지 이어졌는데, 이 기간은 전쟁이 가장 격렬하게 절정의 국면으로 치닫던 때였다. 안식년은 다시 열강들의 붕괴를 가져왔다. 미국을 위시한 연합군은 유럽을 가로질러 서진하고 붉은 군대는 동진하면서 역사상 가장 참혹한 열강의 붕괴가 일어났다. 온 대륙을 좌우하던 전체주의 철권통치가 무너졌다. 이스라엘 자손을 말살하려던 독일 나치제국은 유대력으로 '무너뜨리는' 해에 무너졌다.

거듭하여 안식년은 국가 간 균형을 변화시켰다. 또 그것은 대규모 열강의 이동을 견인하여 역사의 풍경을 바꿨다. 그리고 축적된 것 곧 정부, 이념, 군대, 열강, 건물, 나라, 도시, 그리고 주권을 쓸어 버리는 일이 일어났다.

제2차 세계대전의 안식년

제2차 세계대전은 1939년 9월 1일 폴란드를 침공한 독일에 영국과 프랑스가 선전포고 하면서 발발했다. 한편 히틀러의 유럽 점령은 1938

년 봄 오스트리아 병합과 함께 1년 전에 시작되었는데, 1938년 가을 체코슬로바키아의 주데텐란트를 차지한 뒤였다.

이처럼 히틀러의 국가 탈취는 1938년 안식년에 시작되어 1945년 봄 곧 안식년이 이어지던 때 그의 자살 및 제국의 몰락과 함께 끝났다. 그 모든 일이 안식년에서 안식년까지 7년 주기 내에 벌어졌다.

홀로코스트의 안식년

혹자는 홀로코스트의 시작을 날짜로 정확하게 제시할 수 있을 것이다. '운명의 해'로 알려진 해는 1938년이었다. 그때는 유대인들에 대한 나치의 박해가 공식화되고 독일 정부의 정책이 과격해지던 해였다.

1938년 10월 5일에 유대인들의 여권이 무효화되었다. 10월 27일에는 독일에서 유대인들을 대규모로 추방하는 야만적인 첫 조처가 내려졌다. 그리고 2주 후, 크리슈탈나흐트Kristallnacht 곧 '깨진 유리의 밤'이 찾아왔다. 당시 1400개 이상의 회당이 불에 타고, 유대인이 운영하던 상점과 기업체들이 파괴되었으며, 유대인 3만 명이 체포되어 강제수용소로 끌려갔다.

통상 이런 사건들이 홀로코스트의 시작으로 인용된다. 그것은 안식년 여파가 있던 가을, 1938년 티슈리 월에 시작되었다. 홀로코스트는 나치 정권의 몰락 및 죽음의 수용소 해체와 함께 끝났는데, 1945년 봄 안식년에 일어났다. 이 모든 일은 안식년에서 안식년까지 7년 주기 안에 일어났다.

식민지 제국의 붕괴

1945년, 세계의 1/3이 식민지 열강의 지배나 종속관계에 있는 영토에 살았다. 그 해는 거대한 식민지 제국이 몰락한 해로 표시된다. 전쟁은 피정복자, 정복자를 막론하고 유럽 열강들을 황폐화시켰다. 제2차 세계대전의 폐허에서 식민지 제국의 붕괴가 시작되었다. 두 초강대국인 미국과 소비에트 연방의 대두는 그러한 붕괴를 더욱 가속화시켰다. 유럽 제국들의 몰락은 모든 대륙에 영향을 미쳤고, 수많은 신흥 국가를 탄생시켰다.

안식년은 이제 역사상 가장 큰 붕괴 중 하나를 야기했다. 그것은 다시 한 번 축적된 것들을 쓸어 버렸다. 그리고 다시 한 번 세력균형을 변경시키고 나라들의 풍경을 변화시켰다.

안식년의 끝과 원자력 시대

유럽에서의 전쟁은 1945년 봄에 끝났지만, 일본제국과의 전쟁은 계속되었다. 그것은 1945년 여름까지 여전히 맹렬했다. 안식년이 절정의 끝에 다가가면서, 제2차 세계대전도 그랬다. 일곱째 해의 끝 그리고 원천무효의 때를 한 달 앞두고, 인간에 의해 개발된 가장 파괴적인 무기인 원자폭탄이 일본의 히로시마에 떨어지자 눈부신 섬광과 함께 도시가 날아갔다. 그리고 3일 후, 또 다른 섬광이 나가사키를 쓸어 버렸다.

일본 표준시로 8월 15일 정오 12시, 천황 히로히토가 항복을 선언했다. 일본제국의 몰락은 버마에서 홍콩, 한국에서 미야코 및 이시가키 섬까지 이르는 주둔군의 철군과 함께 9월 내내 계속되었다. 따라서 제국의 붕괴와 종전도 유대력으로 안식년의 가을 여파가 이어지던 티슈리 월 내내 계속되었다.

제2차 세계대전의 공식적인 종전은 미 해군 전함 미주리호에 오른 일본 천황이 연합군에게 공식적으로 항복을 천명한 1945년 9월 2일에 찾아왔다. 제2차 세계대전은 안식년이 그 끝에 다다르며 종전되었다. 사실상, 전쟁은 안식년 마지막 주간, 엘룰 월 29일 내에 마감되었다. 고대의 7년 주기 끝에 국제 분쟁이 종료될 확률은 99.99퍼센트였다. 그리고 동시에 그 안식년 절정에 새로운 시대가 열방의 우두머리 미국과 함께 시작되었다.

승자의 행렬

압도적인 군대의 승전 행렬과 함께하는 종전 승리에 대한 축하는 고대의 풍경을 상기시킨다. 그러한 행렬은 역사상 가장 컸던 전쟁 끝에 몇 차례 있었다. 1945년 6월, 소련의 승전 퍼레이드는 붉은 군대에 의해 모스크바에서 열렸다. 7월, 영국군은 베를린에서 승전 퍼레이드를 가졌다.

하지만 네 개 연합군 모두가 포함된 행렬은 거의 없었다. 종전 시기에 제2차 세계대전의 실제적인 종료를 보여 주는 행렬이 있었는데, 독일 나치제국이 몰락하고 유럽에서 전쟁을 끝낸 도시 베를린에서 있었다. 그날은 제2차 세계대전의 종전을 알리며 일본이 미 해군 전함 미주리호에서 항복한 후 수일이 지난 뒤였다.

그 승전 퍼레이드를 주관한 이들은 소련을 대표하는 게오르기 주코프 장군, 미국을 대표하는 조지 패튼 장군, 영국을 대표하는 브라이언 로버트슨 장군, 프랑스를 대표하는 마리-피에르 쾨니그였다.

그 일은 1945년 9월 7일에 있었다. 그런데 그날은 유대력으로 엘룰월 29일 곧 안식년 끝을 알리는 날, 바로 성경의 7년 주기의 마지막 날이었다. 그 주기는 히틀러가 합병을 시작하던 해이자 홀로코스트의 시작을 알리던 운명의 해인 1938년에 시작되었다. 그리고 그것은 7년 후 정복된 도시의 거리를 지나던 승자들의 행진과 함께 안식년 마지막 날에 끝났다. 역사상 가장 큰 전쟁의 끝을 알리는 행렬이 성경의 7년 주기의 끝, 면제와 붕괴와 자유의 날을 표시하는 고대의 신비 속에 정해진 바로 그날에 있었다.

냉전시대의 안식년

엘룰 월 29일은 단순히 하나의 주기가 끝나는 때만이 아니라 또 다른 주기의 시작이다. 종전은 새로운 시대, 새로운 세계, 그리고 냉전으로 알려진 새로운 분열의 시작을 알렸다.

엘룰 월 29일의 행렬이 있던 바로 그 도시에서, 그 행렬에 참가한 핵심 인물들을 중심으로 냉전이 시작되었다. 베를린은 그러한 분열의 시대, 그리고 두 초강대국을 위시한 세계 분열의 상징적 중심지가 되었다.

여러 명의 비평가들이 지적하고 인식한 바대로, 1945년 안식년 마지막 날에 발생한 그 일은 두 초강대국 사이의 경쟁 지점이 되었다. 또 그 분열의 징후는 냉전으로 이어졌다. 그 행렬에서 아이젠하워 장군이 빠지면서, 그리고 서방이 그 사건을 계속 대수롭지 않게 여기면서 그날은 전시 연합체의 종말의 시작, 계속되는 국제적 갈등의 최우선적 징후 중 하나, 그리고 냉전의 전조가 되었다. 바로 안식년 마지막 날에 말이다.

미국제국

제2차 세계대전의 폐허에서 모습을 드러낸 미국은 역사의 정상에 섰다. 미국은 지구상 가장 큰 금융대국, 산업대국, 상업대국, 정치대국, 군사대국, 경제대국, 문화대국이 되었다. 이제 세계 금융 질서, 경제 질서, 그리고 정치 질서가 초강대국 미국에 의해 인도되고 주도되었다. 이 나라의 경제가 세계 경제를 이끌고, 이 나라의 산업이 세계 시장을 채우고, 이 나라의 문화가 세계인의 의식을 채우고, 그리고 이 나라의 군사가 세계 여러 나라를 보호했다.

혹자는 그것을 '미국제국', 다른 이들은 '미국의 세기', 또 다른 이들은 '팍스 아메리카나' Pax Americana(미국의 평화)로 일컬었다. 미국의 번영은 제1차 세계대전의 안식년과 함께 시작되어 이제 다른 전쟁에서 인준되었다. 이때가 미국이 초강대국으로 태어나고 세계무역센터가 제안되던 해였다.

그런데 안식년에는 양날이 있다. 대체로 하나님의 길을 견지하는 나라에게 그것은 복으로 찾아온다. 하지만 한때 하나님의 길을 가다가 지금은 그것을 거절하고 거역하는 나라에게 안식년은 축복이 아니라 심판으로 찾아와 번영이 아닌 몰락을 일으킨다.

1945년의 정점에서 다시 28년 네 번째 안식년까지 나아간다면 어떤 일이 일어날까?

몰락

1945년 미국의 세력 정점에서 네 번의 안식년인 28년을 나아가면, 1973년에 이르게 된다. 물론, 그때도 또 다른 안식년이었다. 첫 번째 두 경우와는 다르게 세계대전 같은 일은 일어나지 않았다. 하지만 그것이 중요한가? 무척이나 중요하다.

고대 이스라엘은 하나님의 복을 받는 중에 정부와 공공 영역과 문화와 교육 영역에서 하나님을 몰아내기 시작했다. 그런데 미국도 똑같은 실수를 범했다. 1960년대 초반에 공립학교에서 기도하거나 성경 읽는 것을 금지하는 일이 시작되었다. 그 결정은 미국 문화에서 하나님을 제거하려는 더 큰 시도에 앞서 나타난 전조였다. 그때부터 10년간 혼란과 혼돈이 이어졌다. 그들은 처음에는 서서히, 그런 다음에는 점점 더 빠르게 하나님과 그분의 길에서 멀어져 갔다.

무고한 자의 피

1973년은 미국의 영적·도덕적 쇠락의 분수령이었다. 그 해는 대법원이 태어나지 않은 아이들을 죽이는 것(낙태)을 합법화한 원년이었다. 고대 이스라엘이 궁극적으로 국가적 심판과 멸망으로 치닫게 된 것은 무고한 어린아이들을 죽인 일 때문이었다.

> 여호와의 율례와 여호와께서 그들의 조상들과 더불어 세우신 언약과 경계하신 말씀을 버리고 허무한 것을 뒤따라 허망하며 또 여호와께서 명령하사 따르지 말라 하신 사방 이방 사람을 따라 그들의 하나님 여호와의 모든 명령을 버리고 … 또 자기 자녀를 불 가운데로 지나가게 하며 왕하 17:15-17

이러한 비교가 지나치게 여겨진다면, 우리는 반드시 이 점을 고려해야 한다. 이스라엘이 수천의 아이들을 죽였다면, 미국은 수백만의 아이들을 죽였다. 이 글을 쓰고 있는 이 순간에도, 어림잡아 1억 5천의 태어나지 않은 아이들이 태중에서 빛을 보지 못한 채 죽어가고 있다. 만일 이 것이 고대 이스라엘 곧 한때 하나님의 길을 알았지만 지금은 그것들을 거절하고 돌아선 나라가 심판 받는 원인 중 하나였다면, 이와 같이 한때 하나님의 길을 알았지만 지금은 그 길에서 돌아서 버린 미국에 대해 심판의 근거가 동일하게 적용되지 못할 이유가 없지 않은가?

장기하락

안식년은 1972년 9월에 시작되어 1973년 9월까지 이어졌다. 그리고 대법원의 결정은 1973년 1월 22일 안식년 한복판에서 이루어졌다. 앞에서 살펴보았듯이 안식년은 한 나라의 번영 및 몰락과 긴밀하게 연결되어 있다. 이 주기의 마지막 두 안식년, 즉 1917년과 1945년의 안식년은 미국의 부상과 관련된 전환점들이었다. 하지만 1973년의 안식년은 반대로 미국의 몰락과 관련된 전환점이었다. 아직 태어나지 않은 태중의 아이들을 죽이는 낙태를 합헌이라고 결정한 해가 바로 그 해였다.

그 결정 11일 전에 주식시장이 정점을 찍었다. 그리고 같은 달에 방향을 바꾸어 장기하락세로 돌아서서 1974년 가을까지 지속되어 48퍼센트의 가치 손실이 발생했다. 그러면서 그 붕괴는 심각하고 치명적인 경기침체를 수반했다.

여기에서 주지할 점은 안식년과 미국 금융계 및 경제계의 붕괴 사이의 연관성이 이전에 선행한 어떤 것보다도 1973년과 이어지는 주기들 안에서 좀 더 분명하게 일관성을 띤다는 점이다.

브레톤우즈의 붕괴

브레톤우즈 시스템은 1945년 제2차 세계대전이 종전되면서 세워졌는데, 세계 주요 통화를 미국 달러에 묶어 두고 미국 달러를 금본위제the gold standard로 삼는 것을 근간으로 했다. 하지만 1960년대까지 미국에는 국가의 달러를 보전할 수 있을 만큼 금이 충분하지 못했다. 달러가 약세였다.

1971년 8월, 닉슨 대통령은 미국의 달러를 금본위제에서 빼냈다. 그리고 1973년 봄, 세계 통화를 달러에 묶어 둔 상황이 돌이킬 수 없을 만큼 심각해졌다. 제2차 세계대전 종전과 함께 브레톤우즈는 세계 금융 및 경제 질서에 대한 미국의 주도권을 대표적으로 보여 주었지만, 결국 붕괴되고 말았다.

브레톤우즈는 시작부터 안식년과 연결되어 있었고, 마무리 역시 안식년과 함께 했다. 안식년은 붕괴를 야기했다. 그리고 그것은 다시 세계 경제계 및 금융계를 강타했다.

네 원수 앞에서

미국이 하나님에게서 돌아서면서, 세계의 정세 속에서 미국의 지위가 장시간에 걸쳐서 점차적으로 쇠락했다. 성경은 한 나라에 대한 하나님의 은총이 지니는 몇 가지 징후들을 보여 주는데, 그중 대표적인 것이 경제적 번영과 군사력 그리고 승전이다.

미국은 제2차 세계대전 끝에 경제력과 군사력에서 정점에 섰다. 하지만 '막강한 달러'는 약화되고 있었고, 연속되는 위기들이 미국의 경제력을 약화시키고 있었다. 그렇다면 군사력은 어떤가?

1960년대 들어 미국이 그들의 삶에서 하나님을 몰아내기 시작하면서 군사적 흐름이 변화하기 시작했다. 그 변화의 사례가 바로 베트남전이다. 미국은 당시 150년 만에 처음으로 패전했다. 현대사에서 미국이 처음으로 패전한 그 전쟁은 1973년 안식년에 일어났다. 미국의 가장 큰 군사적 승리는 안식년에 있었다. 그런데 그 나라의 가장 끔찍한 군사적 패배도 동일하게 안식년에 있었다.

네 번의 안식년 곧 28년 전의 미국은 제2차 세계대전을 승리로 이끌었다. 가장 큰 군사적 승리를 거둔 그날은 1945년 8월 15일이었다. 그런데 미국의 현대 역사상 첫 번째 군사적 패배가 가장 큰 군사적 승전을 기념하는 날에 발생했다. 이것은 안식년에 발생한 또 다른 붕괴였으며, 하나님의 복이 사라졌음을 보여 주는 징후였다.

네 번째 안식년 주기

미국의 번영과 몰락의 막후에 안식년의 비밀이 있다. 그러한 변화의 핵심적인 전환점은 각각 안식년과 연결되어 있었고, 이러한 전환점들 각각은 마지막 전환점에서 네 번째 안식년 기간 곧 28년 간격으로 발생했다.

- **초강대국 주기** – 미국의 세계열강으로의 대두는 제1차 세계대전 참전과 더불어 1917년 안식년에 시작된다. 이때로부터 28년을 거슬러 내려오면, 1945년 네 번째 안식년에 이르게 된다. 1945년에 미국은 세계 초강대국이 되었다.

- **브레톤우즈 주기** – 상승세의 정점에서 미국은 1945년 안식년 기간에 새로운 세계 금융 및 경제 질서 곧 브레톤우즈 시스템의 중심이 된다. 이때로부터 28년을 거슬러 내려오면, 1973년 네 번째 안식년 곧 브레톤우즈 시스템이 마지막으로 붕괴되던 해에 이르게 된다. 이처럼 그것은 안식년과 더불어 시작되고 마감되었다.

- **전쟁 주기** – 1945년 8월 15일에 일본제국이 항복하고, 제2차 세계대전이 종식되었다. 당시 역사상 가장 큰 군사적 승리를 거머쥔 미국은 군사력의 정상에 서게 된다. 이때로부터 28년을 거슬러 내려오면, 현대사상 미국이 처음으로 패전한 해인 1973년 네 번째 안식년에 이르게 된다. 전쟁은 가장 큰 승리 이후 28년이 지난 시점인 8월 15일 바로 그날에 끝났다.

타워의 주기

그런데 여기 안식년의 비밀과 연결된 주기가 한 가지 더 있다. 미국이 열강의 정점에 서면서 그것과 병행을 이루는 한 가지 사건이 일어났다. 미국에 세계무역센터가 세워진 것이다. 그 건물의 건립은 새로운 미국 주도의 세계 금융 및 경제 질서가 세워지고 있음을 보여 주었다.

과정 중에 많이 지연되기도 하고 또 장애물들이 없었던 것은 아니지만, 1945년의 그 비전이 마침내 현실이 되었다. 그런데 바로 그 해가 1973년이었다. 그것은 안식년에 시작되어 안식년에 마감되었다. 시작에서 완료까지 다시 28년이 걸렸고, 네 번째 안식년이었다.

증거와 몰락

1973년 미국에서 일어난 일은 1917년과 1945년에 일어난 일만큼이나 중요했다. 1973년에 미국에서 낙태가 합법화되었다. 하나님에 의해 세워지고 그분으로부터 복을 받은 한 나라가 하나님의 말씀을 떠나 태어나지 않은 아이들을 합법적으로 죽이기로 한 일의 여파는 매우 치명적이었다.

미국이 태어나지 않은 아이들을 죽이는 낙태를 합법화한 해는 그 나라가 현대사에서 최초로 군사적 패배로 고통당하던 바로 그 해였다. 바로 그 해에 미국 역사상 가장 심각한 경기침체 중 하나와 연결된 장기 금융 폭락이 시작되었다. 그리고 그 해에 미국과 함께 그 나라의 기둥처럼 세워진 글로벌 경제 질서가 마지막 붕괴로 고통을 당했다.

미국이 정점에 이른 순간에 구상된 타워들은 그 나라의 새로운 국제적 우월성에 대한 기념비로 서 있었다. 그러나 28년 후인 1973년에 미국은 전혀 다른 본질의 전환점에 서 있었다. 당시 우뚝 솟은 타워들이 미국의 번영을 증거하고 있었으나 동시에 합법적으로 낙태를 허용하기 시작했다.

세계무역센터는 미국의 번영에 대한 상징이자 역설적으로 도덕적·영적 쇠락의 상징이었다. 그것은 이 나라의 영광에 대한 기념비이자 죄와 수치에 대한 증거였다. 나라의 몰락에 대한 일종의 기념비였고, 미국이 무방비 상태의 무고한 아이들을 죽이기 시작하던 원년을 나타냈다. 타워들은 두 개의 전혀 다른 현실을 목격하고 있었다. 각각은 서로 깊은 갈등 관계에 있었다. 그리고 그 공존의 날들은 당분간 지속되었다.

마지막 주기

이제 다시 마지막 한 주기인 28년, 네 번째 안식년을 거슬러 내려오면 어떤 일이 일어날까? 그것은 어디로 연결될까?

1973년에서 28년이 지난 2001년은 미국의 영광의 상징이 파괴된 9/11 안식년이다. 이때부터 미국 주도의 세계 질서가 무너져 내렸다. 2001

년에 이르러 1945년에 시작된 안식년 주기들이 한 바퀴를 다 돌았다.

- 그 타워는 미국의 절정기인 1945년 안식년에 구상되었다. 그리고 그로부터 네 번째 안식년 곧 28년 후인 1973년에 완공되어 28년간 서 있었다. 그런데 완공 후 네 번째 안식년인 2001년에 파괴되었다.

- 안식년인 1945년에 모든 적들을 물리친 후 막강한 군사력을 갖게 된 미국은 대적이 없는 강자로 등극했다. 그리고 그로부터 네 번째 안식년 곧 28년 후인 1973년에 미국은 현대사의 첫 군사적 패배로 고통을 겪었다. 그 후 28년이 지난 2001년 네 번째 안식년에 적이 테러를 가하여 고통을 당했다.

- 1945년 안식년에 미국의 경제력 및 금융력에 기초한 신세계 질서가 출범했다. 그리고 28년이 지난 1973년 네 번째 안식년에 그 질서가 붕괴되어 고통을 당했다. 그 후 28년이 지난 2001년 네 번째 안식년에 미국 주도의 글로벌 경제의 상징물도 붕괴되었다.

한 열강, 나라 또는 왕국의 붕괴를 야기하는 안식년은 또 다른 열강, 나라 또는 왕국의 등장을 알린다. 미국이 관련되어 있는 한, 그 일은 그 나라의 역사가 진행되는 시간 동안 장기간에 걸쳐 이러한 등식과 관련해 크게는 상승하는 면에서 나타났다. 하지만 최근에 그것은 몰락하는 측면에서 나타나는데, 이것은 하나님과 멀어지는 도덕적·영적 몰락과 흐름을 같이 한다.

그렇다면 앞으로 어떤 일이 있을까? 미국을 위시한 열방에 어떤 미래가 기다리고 있을까? 그리고 안식년의 비밀은 그 미래에 관해 무엇을 보여 줄까? 이제 이러한 질문에 답해야 할 차례가 되었다.

7부
안식년과 앞으로의 일들

23
마지막 타워

다른 타워

쌍둥이빌딩의 파괴는 타워 신비의 끝이 아니었다. 또 다른 것이 쌍둥이빌딩이 무너진 그 자리에서 일어났다. 바로 그라운드 제로 타워로, 그것은 9/11 이후 미국 재건의 상징이 되었다.

미국의 지도자들은 그라운드 제로에서 새로이 건립될 타워가 세워지기 전에 이미 새로운 타워에 대해 말했으며, 그것이 세워지면서 이 일을 미국의 자부심과 복구의 상징으로 여기며 만세를 불렀다. 이 새로운 건물은 미국 자체의 상징으로 서게 되었다.

인간이 하는 일, 즉 미국의 높은 위상을 재확인하려는 의지 속에서 새로이 타워를 건립하는 과정에도 고대의 신비가 놓여 있었다.

경고에 대한 저항

건물의 파괴와 국가적 심판에 대한 첫 경고를 상징하는 적의 공격을 받은 이스라엘 백성은 거만하게 반응했다. 그들은 다음과 같이 운명적인 방식으로 맹세했다.

> 벽돌이 무너졌으나 우리는 다듬은 돌로 쌓고 사 9:10

그들은 자신들에게 주어진 경고에 저항했다. 그리고 공포(테러)의 날에 폐허로 붕괴된 그것을 재건했는데, 그것은 일종의 반항이었다. 그들은 무너진 건물을 더 크게, 더 튼튼하게, 더 좋게 그리고 이전보다 더 높이 재건했다.

물론 재건 자체가 잘못된 일은 아니지만, 그 뒤에 숨겨진 의도에 문제가 있었다. 그들은 하나님의 경고를 듣지 않고 그것을 거절했다. 그리고 그들이 세운 것은 재기가 아니라 그들의 오만함에 대한 기념비로 서게 되었다. 결국은 그들을 파멸로 이끌 오만함 말이다.

다시 찾아온 오만한 건립

9/11 이후, 미국의 지도자들은 고대 이스라엘 지도자들처럼 반응했다. 그들은 회개하지 않고 오만방자했다. 공격 직후 그들은 무너진 것을 재건하고, 그것을 이전보다 더 크고 더 튼튼하게 세우리라 맹세하기 시작했다.

다수의 사람들이 그라운드 제로의 재건을 거만한 행동이라고 언급했다. 그럼에도 미국 사회는 겸비하지도, 회개하지도 않았다. 오히려 국가를 이전보다 더 튼튼하게 다시 일으키리라 맹세했다.

히브리어 타워

그런데 타워가 어디에 들어서는가? 이사야서에 쓰인 고대 맹세에는 정확하게 어디에 그것이 재건될 것인지에 대한 언급이 없다. 그 맹세는 단순히 무너진 것을 재건하겠다고 말한다. 이것은 건물을 포함하고 있으며, 고대 전쟁의 관점에서 그것에 타워가 포함되어 있는 것이 분명하다.

하지만 우리에게는 또 다른 단서가 있다. 이사야 예언의 배후에 있는 히브리어는 번역된 내용보다 더 깊은 의미를 전해 준다. 고대의 맹세를 시작하는 구절은 다음과 같다.

그들이 교만하고 완악한 마음으로 말하기를 벽돌이 무너졌으나 우리는

다듬은 돌로 쌓고 사 9:9-10

맹세는 교만하고 완악한 마음으로 이루어졌다. '완악한'에 해당하는 히브리어는 앞에서 살펴본 대로 '타워'를 뜻하는 단어와 연결된 '가달'이다. 그래서 우리는 '재건하다'라는 뜻의 히브리어 단어가 타워라는 단어와 연결되어 있음을 안다. 재건은 그 나라의 오만과 교만을 의미한다. 그리고 타워만큼 교만을 더 잘 나타내는 것도 없다.

헬라어 타워

구약성경에 대한 가장 오래된 번역을 70인경이라 부른다. 70인경은 히브리어 성경을 헬라어로 번역한 것인데, 신약성경에 광범위하게 인용되었다. 그런데 이 70인경은 이사야 9장 10절을 다음과 같이 번역하였다.

벽돌이 무너졌으나 자, 우리가 우리를 위하여 '타워'를 세우자.

고대 역본은 특별히 타워를 세우는 것에 대해 말한다. 다른 말로 하자면, 공격 이후 벽돌이 무너진 바로 그 자리에 타워가 세워지는 것이다.
그리고 그 일이 정확하게 미국에서 일어났다. 그라운드 제로 곧 그 나라가 공격당한 곳, 벽돌이 무너진 곳에서 타워가 올라가기 시작한 것이다.

오만함의 상징

미국의 지도자들은 타워가 존재하기도 전에 이미 그것에 대해 언급했다. 《징조》에 기록된 9가지 예언적 심판의 징후들 중 하나는 '선포를 통한 예언'이라 불린다. 그것은 재앙에 대한 미국의 대응을 발표하기 위해 미 의회가 국회의사당에 모인 9/11 이튿날 나타났다. 거기서 고대 이스라엘의 심판과 멸망을 일으킨 오만한 맹세가 선포되었다.

그 예언적 순간에 한 지도자가 무너진 것을 재건하리라 맹세했다. 그 말에 함축된 의미는 세계무역센터의 재건이었다. 이것은 재건에 대한 첫 번째 공식 선언이었다. 그래서 그라운드 제로의 타워는 사실상 이스라엘의 심판에 대한 이사야 9장 10절의 말씀에서 비롯되었다.

이는 더 많은 선언들로 뒷받침되었고, 다른 지도자들에 의해 발표되었으며, 각각은 고대의 맹세와 관련된 또 다른 측면을 메아리치게 했다. 혹자는 미국이 건재하다는 것을 보여 주기 위해 그 타워가 세워져야만 한다고 선언했다. 또 다른 이는 그 타워가 이전 타워보다 더 높이, 즉 더 크고 높게, 더 웅장하게 세워져야 한다고 주장했다.

사실 새롭게 세우고자 하는 타워는 건물 이상이었다. 그것은 이전에 건설된 어떤 것과도 비교할 수 없는 가장 위대한 미국의 상징이었다. 미국이 독립한 해를 반영하기 위해 1776피트 높이로 계획된 그것은 미국 자체를 표상하며 폐허, 교만, 굽힐 줄 모르는 오만함에서 세워진 것임을 분명히 했다. 하지만 그것은 미국을 구현했던 것만큼이나 이사야 9장 10절의 옛 맹세를 구현했다.

바벨의 영

70인경을 번역한 고대 유대인 학자들은 이사야 9장 10절을 어디에서 가져와서 "자 우리를 위하여 타워를 세우자"로 번역했던 것일까? 그들은 그것을 창세기 11장, 곧 바벨탑에 대한 설명에서 가져왔다.

> 또 말하되 자, 성읍과 탑을 건설하여 그 탑 꼭대기를 하늘에 닿게 하여 우리 이름을 내고 창 11:4

어째서 그들은 바벨탑과 관련해 묘사된 단어들을 사용해서 이사야 9장 10절을 번역했을까? 고대 유대인 학자들이 창세기 11장에 묘사된 건물을 지으려는 계획과 이사야 9장 10절 사이의 직접적인 연관성을 알았기 때문이다. 이 둘은 모두 교만과 거만함에 기초했으며 하나님을 거역하며 실행되었다.

미국 역시 그라운드 제로에 타워를 세우는 일에 착수했다. 애초에 그것은 '자유타워' Freedom Tower였으나 후에는 '원월드트레이드센터' One World Trade Center로 알려졌다. 이 타워는 교만과 거만함의 영 가운데서 구상되고 실행되었다. 그 새로운 타워는 발단에서부터 지구상 가장 높은 건물이 될 것이었다. 그것이 완공되기 전에 다른 타워들이 더 높이 올라가긴 했으나 시초부터 바벨의 영이 그 프로젝트 안에 주입되었다는 것이 중요하다.

안식년과 마지막 타워

우리는 일찍이 안식년과 타워의 신비가 결합된다는 점을 살펴보았다. 그렇다면 그라운드 제로에 세워진 타워는 어떤가? 그것도 안식년과 관련이 있을까? 물론이다.

먼저는 그 기원이다. 그것은 세계무역센터를 대신했다. 우리가 살펴본 대로 세계무역센터는 안식년에 구상되고, 시작되고, 완공되고, 그리고 파괴되었다. 그 건물은 세계에서 가장 높은 건물이 되어 이전 안식년에 완공된 엠파이어스테이트빌딩을 대체했다.

그렇다면 언제, 어디서 그라운드 제로 타워가 구상되었는가? 그것은 9/11 직후 미 국회의사당에서 구상되었다. 그때에 이사야 9장 10절을 인용하면서 미국이 파괴된 그것을 재건할 것이라고 천명했다. 그 선언은 안식년 마지막 날에 해당하는 2001년 9월 12일에 있었다. 그러므로 날짜 문제와 관련해서도 그 오만한 타워는 안식년에 잉태되었다.

새로운 타워의 건축은 논쟁, 장애, 그리고 차질의 진흙탕에 빠졌다. 실제로 건축이 시작되기까지 수년이 지나갔다. 2006년 말에 기초를 놓기 위해 터를 다졌고, 2007년에 기반이 준비되었다. 2008년 초에는 건물의 골조가 올라가기 시작해서 평지 높이에 이르렀다. 2007-2008년은 안식년이었다. 기초 공사와 준비 공사가 좀 더 일찍 시작되었다 해도, 타워가 올라간 것은 안식년이었다.

징조들

2006년에 공사가 시작된 새로운 타워는 2012년 봄에 엠파이어스테이트빌딩을 능가해서 뉴욕 지평선에서 가장 높은 건물이 되었다. 날짜는 그런 일이 발생하기 4개월 전《징조》에서 이미 알려졌다. 그런데 그 날짜는 그라운드 제로의 신비와 연결된 날짜였다.

2012년 여름,《징조》가 시판된 지 6개월 후 미국의 대통령이 그라운드 제로를 방문했다. 그는 안식년의 신비에 일치하는 불길한 예언적인 행동에 준하는 기념식에 참가했다. 그 일은 전에《징조》에서 계속해서 나타난 것들 중 하나였다. 그는 부지불식간에 그 타워와 옛 맹세 사이의 연관성, 임박한 심판을 예고하는 연관성에 쐐기를 박았다.

2013년 1월, 대통령의 두 번째 연두교서에서 국민 시인이 선발되어 거기 모인 수천의 사람들과 텔레비전을 시청하는 수백만의 사람들을 대상으로 시 한 편을 낭송했다. 그는 그 시를 통해 하나님이 아닌 "우리 손으로 이룬 일"[9]에 감사를 표했다. 그러면서 "우리 손으로 이룬 일"의 일부로서, 그는 미래에 그 타워가 그라운드 제로에 완공될 것을 언급했다.

우리의 복구에 굴하여 하늘로 치솟는 자유타워의 마지막 층 … [10]

이러한 말들에서 이사야 9장 10절의 맹세가 메아리치는 것을 분명히 들을 수 있다. 자기 나라의 세력을 자랑하고, 스스로의 힘으로 이룬 일을 믿으며, 그 건물이 오만하게 하늘 높이 솟아 있고, 타워는 그 집단적인 복구(회복력)를 통해 하늘을 굴복시키는 나라 말이다. 이처럼 이 시대에 바벨의 메아리를 듣는 것은 그리 어려운 일이 아니다.

4개월이 못 되어 거대한 첨탑이 그 타워 꼭대기에 자리를 잡으며 그 높이를 결정했다. 랍비의 기록에 의하면, 일식은 나라에 대한 심판의 한 징후다. 성경 또한 심판의 날에 해가 어두워지는 현상을 동반하고 있음을 보여 준다. 그런데 그 타워 꼭대기에 첨탑을 설치하던 날에 해가 어두워졌다. 그 타워는 일식이 일어난 날에 가장 높은 곳에 이르렀다.

이것을 쓰고 있는 이 시간에도 타워는 아직도 완공을 기다리고 있다 (이 책이 출간된 후인 2014년 11월에 완공되었다 - 역자 주).

우뚝 솟은 징조

만일 그라운드 제로의 타워가 하나의 징조라면, 그것은 어떤 것에 대한 징조이며 전조인가?

미국에서 높은 타워들이 올라가는 일은 미국이 세계열강의 으뜸으로 상승하는 것을 상징하고, 그것과 병행을 이루었다. 그런데 타워가 올라가는 일이 나라의 번영에 대한 증거가 될 수 있다면, 타워의 붕괴는 어떤 것에 대한 증거란 말인가? 불가피하게 그 대답은 나라의 몰락을 의미한다.

한때 세계에서 가장 높은 타워들이 올라간 것으로 알려졌던 나라가 더 이상은 그러한 높음의 상징으로 여겨지지 않고 있다. 이제 그것은 몰락한 것으로 알려지고 있다. 그리고 그 모든 일은 역사상 같은 시간 곧 그 나라의 세력이 쇠락하고 있다는 분명한 징후들이 증가하고 있던 때에 발생했다. 그리고 그 모든 일은 그 나라가 영적·도덕적으로 처참하게 쇠락했을 때에 일어났다.

본질상, 타워들은 상징적 의미를 지닌다. 그러나 그라운드 제로의 포장 구역에서 올라간 타워처럼 그렇게도 많은 상징적 의미가 부여된 것은 드물었다. 그 건물을 올리는 자들이 그것에 부여한 의미를 뛰어넘어 그 타워의 의미는 매우 예언적이다. 이 경우 그 나라의 가장 유명한 타워는 단순한 타워가 아니라 징조 곧 심판에 대한 성경의 본보기로서의 네 번째 징조에 해당한다. 그것은 어느 정도 하늘에 닿으려고 시도하는 한 나라를 말하는 동시에 하나님에게서 떨어지는 것, 다시 말해 물리적 상승과 영적인 몰락 이 두 가지 모순적인 현실을 말한다.

그라운드 제로에서 올라가는 타워는 이사야 9장 10절의 맹세에 의해 시작되었을 뿐만 아니라 그것의 구현이기도 하다. 그 타워는 그 맹세를 확정하는 것이다. 그것은 오만함을 뽐낸다. 한때 하나님을 알았지만, 이제는 복을 받는 와중에 그분에게서 돌아서서 그분의 길을 거스르고 싸우는 한 나라에 관해 말한다. 그리고 그것은 돌아오라고 하나님이 경고하시고, 흔드시고, 그리고 부르시는 사람들에 대해 증언하지만, 그들은 그 경고를 무시하고, 그 부르심을 거절하고, 그리고 그렇게 흔드시는 노력을 거절하려 하며, 하나님의 길을 거슬러 자기의 힘으로 이전보다 더 높이 올라가려 한다.

그런 나라가 그 나라의 기초를 주신 하나님을 대적하면서 동시에 이전의 찬란했던 영광에 이를 수 있을까? 고대 이스라엘의 경우는 전보다 더 튼튼하게 재건하려는 시도에 대한 경고다. 그들이 세우는 그 타워는 임박한 심판의 징조가 될 것이다. 그것은 성경에 기록된 첫 번째 타워와 같다.

24
앞으로의 일들

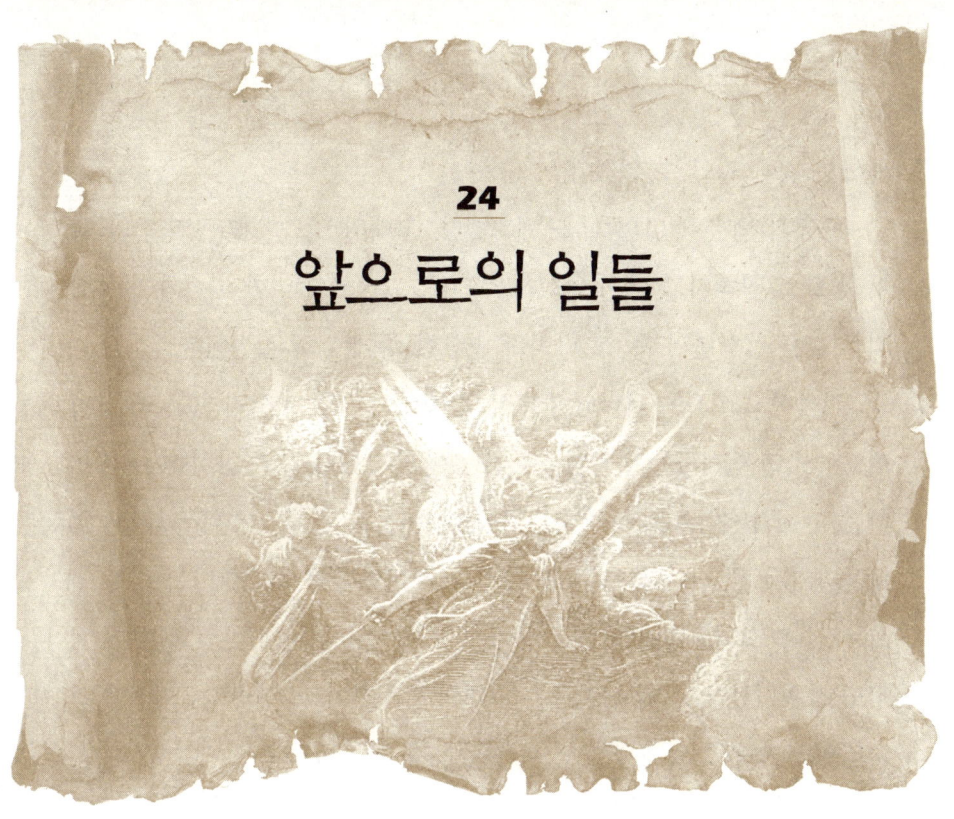

선지자의 눈

선지자는 검게 그을린 거룩한 도성의 폐허를 바라보고 있었다. 그는 하나님으로부터 경고를 받아 그 나라에 전했다. 하지만 그들은 듣지 않았다. 그들은 그를 감옥에 처넣고 심판이 임할 때까지 계속 오만함의 길을 걸었다.

주전 586년은 역사의 중요한 전환점 중 하나였다. 예레미야는 먼저 그것을 보았다. 이는 그가 예고했던 것과 같은 것이었다. 거룩한 도성의 황무함을 보면서, 그는 오래전 일찍이 시내 광야에서 시작된 신비와 씨름하는 것을 피할 수 없었다.

모세의 법은 멸망의 날을 예고했다. 고대의 말씀에 따르면, 사람들이 포로로 잡혀가고 땅이 안식하게 된다. 그리고 그러한 안식과 황무함의 시간은 안식년의 수, 그 나라가 멸망한 수에 의해 결정된다.

적막하고 고요한 하나님의 도성, 황폐하여 사람이 살지 않는 곳을 살펴보며 울던 선지자는 언약의 신비를 깊이 생각했다. 그는 안식년(슈미타)이라는 단어가 '자유롭게 하다'를 뜻한다는 것을 알고 있었다. 그리고 그 땅은 자유롭게 되었다. 그는 또 그것이 '무너뜨림'을 의미한다는 것을 알고 있었다. 그리고 하나님은 그 거룩한 도성이 무너지게 하셨고, 유다 왕국도 붕괴되었다. 이제 선지자는 고대의 안식년이라는 신비가 어떻게 그 나라의 운명을 그렇게 결정할 수 있었는지 궁금해졌다.

안식년의 비밀

이제 우리는 2500년이 지나 폐허 가운데서 선지자가 깊이 생각했던 바로 그 신비에 대해 생각하며 서 있다. 우리 역시 어떻게 그런 고대의 신비가 여러 나라와 세계 시장과 제국들과 역사의 진로를 결정했는지 궁금해할 수 있다. 그리고 그 격변이 그 땅에 임했을 때 그 신비가 그 시대에 혈과 육의 실제가 된 것을 본 것처럼, 이제 우리에게도 동일하게 타나고 있다. 이 신비의 파급효과는 우리 시대와 세대의 가정에까지 잠입하여 미국을 위시한 세계의 미래와 관련하여 어떤 일이 있고, 앞으로 어떤 일을 보여 줄 것인지 드러내고 있다.

우리는 일곱째 안식년에 관한 성경의 규례와 면제의 날이 신비스러운 섭리로서 이 세상을 규정하고 있음을 보았다. 우리는 그 신비의 범위와 차원이 점점 더 커지면서 고대 도성의 멸망과 그 백성이 이방 땅에 포로로 끌려가는 것을 관찰했다. 그리고 수천 년에 걸친 시간을 거슬러 내려와 그 동일한 신비가 현대 세계에서 작동하고 있는 것을 보았다.

우리는 금융계 및 경제계에서 그 동력이 작동하고 세계 시장, 현대 국가의 경제, 그리고 금융 역사상 가장 큰 몇몇 붕괴와 폭락을 결정하는 것을 목격했다. 또한 그것이 타워의 신비와 결합되고, 거기에 상승과 하강의 역동이 있는 것을 보았다. 그리고 그것이 세계사의 무대 위에서 열방의 번영과 몰락, 세계열강의 대두와 제국들의 붕괴를 결정하는 것을 지켜보았다.

태동

그렇다면 앞으로의 미래는 어떨까? 그리고 어째서 안식년의 비밀이 특별히 우리 시대 및 다가오는 시대와 관련되는 것일까?

안식년의 주기들 중 마지막 두 건 곧 2001년과 2008년에 끝난 것들에서, 우리는 중요한 진전과 관련된 하나의 수를 알게 되었다. 첫째, 타이밍이 놀랍게도 정밀했다. 역사상 가장 큰 마지막 두 건의 주식시장 포인트 폭락들은 유대력에서 정확하게 같은 날 곧 면제와 원천무효를 뜻하는 안식년 절정의 날에 일어났다. 마지막에 그 현상이 나타나면서 점점 더 정밀하고 극적이게 되었다.

둘째, 마지막 두 건의 주기들이 보인 현상은 현대의 가장 극적인 사건 중 하나에 의해 시작되고 격발되었다. 바로 9/11이다. 9/11이 아니었다면, 고대의 신비는 나타나지 않았을 것이다. 만일 그것이 정확한 타이밍에 일어나지 않았다면, 2001년의 주식시장 폭락 타이밍은 그 사건이 일어난 때 그리고 안식년 절정의 끝이라는 정확한 시간에 일어나지 않았을 것이다.

셋째, 마지막 두 번의 안식년이 놀라울 정도로 정밀하게 일어난 것은 한 나라의 심판과 관련된 징조, 곧 예언적 징후와 연관된다. 그 나라는 바로 미국이다. 이것과 함께 성경에서 안식년이 국가적 심판의 징후로 작용한다는 사실을 연결해 보라. 그러면 그것은 경고로 압축된다.

우리가 심판이라는 주제를 다루고 있기에, 첫 번째 질문은 틀림없이 다음과 같아야 한다. 즉 그 현상이 강화시킨 마지막 두 주기에 미국에 어떤 일이 일어났는가?

심화

9/11 여파로 잠시 미국인들이 나라 전역에서 경배의 집에 모여들면서 마치 국가적 차원에서 하나님께 돌아오는 것처럼 보이기도 했다. 하지

만, 그런 일은 일어나지 않았다. 부흥은 고사하고 범위의 면에서 유례 없을 정도의 영적·도덕적 배도가 가속화되었다.

이제 '기독교 국가 미국'의 종말과 관련된 담론이 증가하고 있다. 여론조사에 의하면 성경적 도덕과 가치에서 멀어지는 일들이 늘어나고 있다. 그리고 이러한 움직임은 젊은 세대에서 더욱 두드러진다. 이는 미래에 더욱 악화될 도덕적·영적 탈선에 대한 징후다.

몰락하던 고대 이스라엘 국가는 도덕을 고쳐 선과 악, 죄와 의의 의미를 변개시켰는데, 미국도 마찬가지였다. 한때 의로 여겨지던 것이 악으로 공격 받았고, 한때 죄로 여겨지던 것이 덕으로 추앙되었다. 도덕, 표준, 그리고 가치 곧 그 나라의 기초를 떠받치고 있을 뿐 아니라 서구문명과 문명 자체를 떠받치고 있던 것들이 서서히 뒤집히고, 기각되고, 폐기되었다. 그리고 그 변화에 보조를 맞추지 않는 이들, 곧 한때 보편적으로 받아들여지던 것들을 여전히 받아들이는 이들은 서서히 밖으로 밀려나고, 비난 받고, 그 문화와 정부에 의해 정죄 되고, 핍박 받았다.

그리고 고대 이스라엘이 그랬던 것처럼 태어나지 않은 아이들의 무고한 피가 여전히 흐르고 있을 뿐 아니라, 그렇게 살해당하는 수가 5억을 넘어섰다. 나라의 도덕적 쇠락은 이제 하나님의 말씀을 붙들고 그런 선동과 싸우는 이들에게 정부가 공권력을 행사하여 세금을 물리고, 위해를 가하고, 유죄를 선고하는 지경에까지 이르렀다. 배도의 새 윤리에서 조금이라도 벗어나면 가차 없이 응징이 따랐다. 동시에 하나님의 이름은 서서히 공격, 조롱, 모독의 대상이 되었다.

언덕 위 어둠의 도시

그것은 매일 배도와 도덕적 쇠락의 문턱을 넘는 것처럼 보였다. 미국은 도덕적·영적 붕괴가 진행 중이었고, 그 나라의 창건 목적인 '언덕 위의 도시', '거룩한 연방'의 반대편으로 급격하게 멀어졌다. 이제 미국은 고대 이스라엘 곧 선지자들이 울부짖었던 그 나라가 보여 준 배도의 영지로 들어섰다.

> 악을 선하다 하며 선을 악하다 하며 흑암으로 광명을 삼으며 광명으로 흑암을 삼으며 사 5:20

그리고 이것이 바로 핵심이다. 고대 이스라엘의 패턴을 좇아 건국된 미국은 이제 이스라엘의 배도 행로를 좇고 있다. 따라서 고대 이스라엘의 마지막 때에 나타난 징조들이 지금 미국에 다시 나타나고 있는 것은 우연이 아니다. 각각의 징조들은 임박한 심판에 대한 경고였다. 이보다 더 큰 문제는 심판이 임하기 전 고대 이스라엘이 보인 것 같은 오만함으로 미국이 그러한 경고에 반응하고 있다는 점이다.

티핑포인트 The Tipping Point

누군가가 어떤 물체를 넘어뜨리고 있다고 생각해 보자. 그러면 분명히 더 이상 어떤 힘이나 에너지를 가할 필요가 없는 지점에 이르게 된다. 물체가 모서리에 걸쳐 있다면, 최소한의 힘만 가해도 떨어지고 만다. 그렇게 걸쳐져 있는 모서리가 바로 티핑포인트다. 한 번 티핑포인트에 이르면, 물체는 가속도가 붙어 저절로 떨어지고 만다. 티핑포인트에 이르면 역동은 변화된다. 가속도가 붙는 것이다. 나라도 마찬가지다.

미국은 성경적 도덕성에서 추락하고 《징조》의 비밀이 풀리면서 중요한 티핑포인트에 있었다. 하나님은 심판하시기 전에 반드시 경고하신다. 그런데 그때 이후로 하나님의 길에서 떠나 이 나라가 배도하는 일이 줄어들지 않았을 뿐 아니라 오히려 극적으로 가속화되었다.

중단되지 않는 징조

《징조》는 국가적 심판과 관련된 고대 신비의 재연을 21세기 미국에서 보여 준다. 그 신비에는 지금 미국에서 나타나고 있는 마지막 때에 고대 이스라엘에 주어진 특정한 경고의 징후들이 포함되어 있다. 그것으로 충분할 것이다. 하지만 신비는 중단되지 않았다. 책이 시판된 후 신비는 이어졌다. 징조들이 계속해서 나타났다. 그리고 그 책에 쓰여지고 예고된 일들이 이뤄졌다. 이것이 뜻하는 바는 무엇인가?

징조가 계속된다는 것은 하나님을 향한 나라의 거만함이 계속된다는 뜻이다. 다른 말로 하자면, 징조의 지속은 배도의 지속을 반영한다. 그리고 이는 그 나라가 심판으로 다가가고 있다는 뜻이기도 하다.

많이 받은 자에게는 많이 요구할 것이요

《징조》에서 제시된 신비는 다음과 같은 불가피한 질문으로 이어진다. 만일 미국이 고대 이스라엘과 동일한 배도의 길을 걸었다면, 고대 이스라엘에서 나타난 심판의 징조와 똑같은 현상을 목격했다면, 그들과 똑같은 오만함으로 그와 같은 경고에 반응했다면, 어떻게 미국이라는 나라는 고대 이스라엘이 받은 것과 똑같은 심판의 고통을 피할 수 있을까?

혹자는 그 모든 죄에서 미국을 능가하는 나라는 얼마든지 많다고 이의를 제기할 것이다. 그러나 그것은 고대 세계에도 마찬가지였다. 심판을 받을 정도로, 그 모든 죄에서 이스라엘을 능가하는 나라들의 예는 널리고 널렸다. 하지만 한 가지 중요한 차이가 있다. 하나님은 그분 자신을 이스라엘에 계시하셨다. 그분은 그 나라에 그분의 말씀을 보내시고, 그분의 율법을 주시면서 그들에게 그분의 길을 계시하셨다. 그리고 그들에게 평안, 번영, 그리고 보호로 복을 주셨다.

"많이 받은 자에게는 많이 요구할 것이요"(눅 12:48). 이스라엘은 많이 받았다. 그리고 많이 요구받았다. 기준이 더 높았고, 심판이 임할 때는 더 심하게 심판 받았다. 마찬가지로 미국도 많이 받았다. 하나님의 말씀이 그 나라의 문화를 채웠고, 하나님의 복이 그 땅을 채웠다. 현대 세계에서 어떤 나라도 그렇게 많은 복을 받지는 못했다. 하지만 많이 받은 자에게는 많이 요구하실 것이다. 만일 미국이 많이 받았다면, 많이 요구 받을 것이다. 그리고 그 나라의 죄는 반드시 심각한 것으로 간주되어야 한다.

심판의 패턴

《징조》에 나타난 옛 심판의 본보기를 따르면, 분명한 패턴이 보인다. 우선 음성 곧 의인들이나 신실한 이들이나 선지자들의 음성을 통해, 곧 하나님의 음성을 통해 경고가 임한다. 그러나 이런 첫 번째 경고에 주목하지 않으면, 좀 더 강력한 형태로 경고가 임한다. 바로 하나님이 그 나라를 진동하게 하시는 것이다. 이는 여전히 하나님의 부르심에 마음을 닫거나 귀가 먹어 버린 백성을 향한 것이다. 그것은 잠을 깨우는 알람이며, 그 나라가 하나님께 돌아가지 않으면 심판이 임할 것이라는 일종의 경고다.

만일 첫 번째 재앙이나 진동 후에도 그들이 여전히 듣지 않고 반응하지 않으면, 두 번째 진동이 온다. 그런데 그들이 또 듣지 않거나 무시하거나 여전히 그 두 번째 진동의 경고를 거절하면, 또 다른 것이 오고, 또 다른 것이 계속 이어진다. 그 나라가 하나님께로 돌아와서 회복되든지 아니면 심판의 완력에 붕괴될 때까지 계속된다. 심판이 임하기 전에 얼마나 많은 경고와 진동이 있을지는 아무도 모른다.

심판이 올 때

그러면 그런 심판은 어떻게 오는가? 한 나라에 대한 심판은 다른 한 나라나 여러 나라를 통해, 또 자연재해나 인재를 통해 올 수 있다. 그 땅에 대한 테러리즘의 형태로 올 수도 있다. 그리고 경제 및 금융 붕괴를 통해, 기반시설 붕괴, 군사적 패배를 통해 올 수도 있다. 쇠락, 혼란, 분열, 해체를 통해 올 수도 있다. 정해진 공식은 없지만, 그 진전에 있어서 패턴이나 본보기는 존재한다.

징조가 예언하다

고대 이스라엘의 9가지 징조는 단순히 사건이나 물건이 아니라 예언적 징후다. 그리고 예언적 징후로서, 각각은 나라의 현재 상태뿐 아니라 미래에 있을 일과 관련된 예언적 메시지를 전달한다. 그것은 그 나라가 하나님께로 돌아오지 않으면, 어떤 일이 벌어질 것인지를 계시하는 표적의 형태를 띤 예언들이다.

동일한 9가지 징조가 미국에 나타났기 때문에, 고대 이스라엘의 미래와 관련해서 그것들이 전달한 예언적 메시지가 향후 미국에 있을 수 있는 일들을 드러낼 수 있을까? 이것과 관련하여 9가지 징조에 포함된 예언적 경고 중 2가지만 간략하게 언급하겠다.

구멍의 징조

주전 722년 이스라엘의 국가 안보망이 무너진 것은 단순한 재앙이 아니라 다가오는 일들에 대한 하나의 예언적 경고였다. 그 경고는 다음과 같은 것이었다. 만일 그 나라가 하나님께 돌아오지 않고 계속해서 그분의 길을 거스르면, 더욱 거대하고 맹렬한 타격이 그 땅에 임하여 나라가 멸망할 것이다.

그리고 바로 그것이 정확히 고대 이스라엘에 일어난 일이다. 구멍은 다가올 일에 대한 하나의 징조였다. 그것은 앗수르 군사들에 의해 수행되었다. 수년 후 그 나라의 최종 멸망은 앗수르에 의해 일어났다. 이처럼 첫 번째 타격은 마지막을 예고한다.

미국은 어떤가? 미국 안보의 구멍은 9/11에 드러났다. 하지만 9/11이 단순한 재앙이 아니라 예언적 전조였다면, 그것은 무엇을 경고한 것일까? 고대의 패턴을 따르면, 그 경고는 다음과 같다. 하나님이 계시지 않으면, 미국의 참된 안보나 안전은 있을 수 없다. 그분의 보호하시는 손길이 아니면, 그들이 얼마나 많은 방어 체계를 구축하든지 상관없이 모조리 9/11과 같이 실패로 돌아갈 것이다.

미국은 하나님을 거역하면서 나라를 지킬 수 없으며, 지속적인 보호를 확신할 수 없다. "여호와께서 성을 지키지 아니하시면 파수꾼의 깨어 있음이 헛되도다"(시 127:1). 하나님이 계시지 않는 미국은 안전하지 않다. 하나님을 거역하는 동안 미국의 안전은 더욱 약화되었다. 그러한 거역이 현재의 행로까지 지속되고 있다면, 9/11에 있었던 것과 같은 재앙이 또 다른 방식으로 그 땅에 임할 수도 있고, 그보다 더 큰 규모가 될 수도 있을 것이다.

폐허의 징조

주전 722년, 고대 이스라엘에 대한 타격 후 적이 퍼부은 맹공격으로 길가의 건물들이 다 폐허더미로 변했다. 이것이 세 번째 징조다. 무너진 벽돌은 단순히 파괴의 흔적이 아니라 향후 이어질 일의 전조이기도 했다. 그것은 폐허더미에 새겨진 예언이었다. 경고는 이중적이었는데, 첫째는 다음과 같다.

- 만일 그 나라가 계속 그 길로 간다면, 더 큰 파멸이 그 나라를 무너뜨릴 것이다. 그리고 제한된 타격으로 제한적으로 무너진 벽돌 폐허더미는 전체적으로 확대될 것이다. 그 땅 전역이 폐허가 되고, 나라 자체가 폐허로 변한다.

무너진 벽돌의 두 번째 경고는 더욱 확장된다.

- 무너진 벽돌은 붕괴, 분해, 구조물의 소실, 해체, 그리고 파괴를 입증했다. 두 번째 경고는 다음과 같은 것이었다. 즉, 사람들이 그 경고에 귀 기울지 않으면, 왕국 자체는 산산이 부서지고, 붕괴되고, 무너지고, 파괴된다. 그리고 그것이 정확하게 이후 수년에 걸쳐 일어난 일이다. 이스라엘 왕국은 결국 그 땅에서 사라졌다.

세 번째 징조는 미국에서 타워의 붕괴와 바로 그 자리 곧 그라운드 제로에서 보인 엄청난 폐허더미에서 나타났다. 이스라엘에 대한 심판 패턴에 따르면, 경고는 다음과 같다.

- 미국은 그 나라의 토대이신 하나님과 맞서 싸우면서 그 복이 유지되기를 바랄 수 없다. 만일 미국이 그 길에서 돌이키지 않으면, 더 큰 파멸을 야기하는 사건에 직면하게 될 것이다.

그리고 이것을 능가하는 더 큰 경고가 있다. 벽돌, 폐허더미, 그리고 9/11 자체는 붕괴, 해체, 그리고 파멸을 입증한다. 더 큰 경고는 다음과 같다.

- 하나님은 그분의 복으로 미국이 여러 나라 중 높이 솟은 타워처럼 서게 하셨다. 하지만 타워 자체는 그것이 지탱하고 계속 서 있게 하는 토대와 분리될 수 없다. 미국도 마찬가지다. 즉 하나님이 계시지 않으면, 미국은 더 이상 지탱하지 못하고 붕괴될 것이다.

이 메시지에 부연할 것은 9/11에 무너진 그 타워가 특별한 상징적 의미를 전달했다는 점이다. 그것은 미국의 금융력 및 경제력과 우위성을 대표했다. 그것들이 붕괴되면서, 벽돌의 경고는 경제 및 금융 붕괴를 입증했다. 우리는 이미 2001년과 2008년 안식년에 월 스트리트의 가장 큰 두 건의 붕괴에서 이 일이 일어난 것을 확인했다.

마지막으로, 타워는 글로벌 금융 및 경제 질서와 미국이 중심이 되던 시대를 대표했다. 세계무역센터라는 이름이 이 점을 잘 보여 준다. 그것이 무너진 것은 어떤 의미인가? 그것은 미국이 더 이상 세계 금융 및 경제 질서의 중심이 아닌 날들이 다가오고 있으며, 그 질서 자체가 붕괴되었다는 경고였다.

이사야 9장 11절과 그 후

미국과 관련된 다른 7가지 징조들에 포함된 예언적 열쇠들 외에 이미 예언 자체에 포함되어 있는 열쇠들이 있다. 이사야 9장 10절의 오만한 맹세에 이어 11절을 읽어 보면, 국가적 심판에 대한 설명을 발견하게 된다. 그것은 징조들이 출현한 후 수년에 걸쳐 고대 이스라엘에 임한 특정한 심판들이다. 그 묘사는 끊임없는 처형으로 인해 오싹할 정도다.

우리가 현재를 위한 공식을 찾기 위해 이스라엘의 멸망을 둘러싼 독특한 상황을 생각하지 않았지만, 주지해야 할 몇 가지 것들이 있다. 시나리오는 다음의 것들과 관련된다.

- 경건하지 않은 지도자들
- 부도덕한 법률을 통과시키는 정부
- 분열
- 폭력
- 먼 곳에서 오는 황폐함
- 적의 공격

• 불타는 땅
• 파괴

안식년과 미래

안식년의 징조는 어떤가? 그것이 향후에 있을 일을 계시해 줄 수 있을까?

이 책 서두에 쓴 것처럼, 우리는 날짜를 설정하는 것 곧 언제, 어떤 특정한 사건이 일어난다는 식으로 말하는 것에 대해 주의해야 한다. 문제는 날짜가 아니라 회개하고 돌아오라는 부르심이다.

내가 염려하는 것은 날짜에 집착하여 회개라는 중심적인 문제를 도외시하는 것이다. 나는 다가오는 심판에 대해 경고하면서, 또한 그 심판의 타이밍과 관련해서 하나님의 역사를 어떤 틀에 가두지 않으려고 주의를 기울였다.

하나님은 그분이 과거에 하신 것과 같은 동일한 타이밍에 따라 혹은 동일한 방식으로 행동하실 필요가 없으시다. 예언적 징조는 통상 기계적인 방식으로 일어나거나 하나의 시간표에 따라 일어나는 것이 아니다. 극적으로 신비를 드러내는 안식년이 있긴 하지만, 그렇지 않은 경우도 있다. 어떤 일이 반드시 다음 안식년에 일어날 필요는 없다.

이렇게 말하는 동시에, 나는 두 번째 주의를 주고 싶다. 하나님은 그분이 과거에 하신 것처럼 하실 수 있고, 그 안식년 기간에 심판하실 수도 있다. 이 주의를 감안하여 안식년을 이해하는 것은 지혜로운 일이 아닐 수 없다.

열고 닫는 패턴

다가오는 안식년에 어떤 의미 있는 일도 발생해서는 안 되겠지만, 만약 중요한 사건이 일어난다면 어떻게 나타날까? 안식년의 개시는 변화의 시작을 알리고 동력의 이동을 보여 줄 수 있다. 동시에 변화나 이동이 그 지점에 발생한다면, 대개 그것은 첫 열매, 향후에 있을 일에 대한 전조, 마지막에 올 것과 비교해 미세한 흔적으로 보이는 경향이 있다. 만일 이 지점에서 변화가 있다면, 그 도래는 언뜻 봐서 알 수도 있고 그렇지 못할 수도 있다.

일반적인 패턴은 다음과 같다. 즉 안식년이 진행되면서, 특히 그것이 끝에 접근하면서 그 강도가 증가한다. 안식년이 그 절정의 날과 이후의 시기에 다가가면서, 그와 같은 도래와 연결된 극적인 사건들이 나타나고 강화되고 또는 그 절정에 이르게 된다.

2000년 9월의 경우, 안식년의 시작은 국가생산의 하락세, 경기침체의 징후들 중 하나와 병행되었다. 하지만 사람들은 그것을 놓쳤다. 안식년 절반이 지나가면서 하락세는 완전히 경기침체로 빠져들었다.

안식년의 가장 극적인 순간은 그 마지막 주간에 나타났다. 그 주간에 9/11 테러가 있었고, 월 스트리트의 연속적인 붕괴가 일어났다. 전반적인 패턴은 안식년의 가장 극적이고 강렬한 시간인 엘룰 월 29일에 이르거나 엘룰 월 29일 곧 원천무효의 날 이후 진행된다.

오는 안식년

그렇다면 다음 안식년은 언제인가? 그것은 2014년 9월에 시작된다. 그 첫날, 티슈리 월 1일은 9월 24일 수요일 밤 일몰에 개시되어 9월 25일 일몰에 끝난다. 하지만 다시 그것은 가장 극적인 파급 효과가 감지되는 안식년의 끝과 그 이후에 있다.

지난 두 번의 안식년 모두 엘룰 월 29일이라는 끝날에 주식시장 역사상 가장 큰 붕괴가 있었다. 오는 안식년은 2015년 9월에 끝날 것이다. 그 마지막 절정의 날, 엘룰 월 29일 곧 면제일은 9월 13일 일요일이다. 이날 주식시장들이 문을 닫기 때문에 미국이 관련되어 있는 한, 그날이 시장 붕괴의 시작일 수는 없다.

그러나 다른 가능성들이 있다. 정확히 그 시간이 아니면 그 시간 즈음에 (어떤 일도 일어나서는 안 되겠지만) 어떤 일이 일어난다면, 어떤 붕괴나 재앙이 그 주간 직전이나 직후에 일어날 수도 있다. 아니면 직전, 직후 둘 다에 일어날 수도 있다. 또한 그것은 더 넓게 엘룰 월 29일을 둘러싸고 있는 엘룰 월과 티슈리 월 기간에 발생할 수도 있다.

또 다른 가능성은 시장 개시 시간에 외부에서 발생하는 사건들이 시장 붕괴를 격발할 수 있다는 것이다. 9/11의 경우와 같이 말이다. 금융계 및 경제계를 넘어 그리고 그것과 분리되어 일어나서 그 두 영역의 붕괴를 초래할 가능성이 있다.

주지할 만한 가치가 있는 것은 2001년에 있었던 일이 다시 2015년에 일어날 수도 있다는 점이다. 즉 엘룰 월 29일 곧 원천무효의 날 전 시장이 열리는 마지막 날은 9월 11일이 될 것이다.

2015년에는 두 번의 일식이 있을 것이다. 흥미롭게도 그 두 날은 안식년과 관련해서 의미가 있다. 한 번은 정확히 안식년 한가운데다. 그리고 또 다른 한 번은 그 절정 마지막 날인 엘룰 월 29일에 해당된다. 안식년 엘룰 월 29일에 일식이 겹친 마지막 때는 28년 전인 1987년 9월이었다. 그런데 그때는 미국 역사상 가장 큰 주식시장 퍼센티지 폭락이 시작된 달이었다(일식 및 블러드문과 관련된 더 많은 정보는 에필로그를 보라).

신비에 속한 것

앞에서 언급했듯이 우리는 예언적인 사건들이 규칙적인 시간표에 따라 일어나거나 질서정연하게 이행될 것이라고 예상할 수는 없다. 의미 있는 어떤 일이 2014-2015년 안식년에 일어날 필요는 없다. 그 현상은 하나의 주기로 나타날 수 있다. 그러나 또 다른 주기는 아니고, 그 다음 주기도 그렇다. 그리고 메시지의 핵심은 날짜를 정하는 것이 아니라 회개하고 돌아오라는 하나님의 부르심이다. 동시에 의미 있는 일이 발생할 수 있다면, 그 시기를 알고 있는 것이 지혜로운 일이다.

오는 안식년에 어떤 일이 일어나든 그렇지 않든 관계없이, 그리고 신비에 포함되어 있는 때와 상관없이, 이제 우리가 그 신비의 본질인 내용을 알고 향후 다가오고 있는 심판과 연루된 미국과 세계에 그것을 적용하는 것이야말로 지혜로운 일이다.

안식년의 비밀 - 미래 시제

만일 안식년이 미국과 미국 주도의 세계 질서, 그리고 미국의 시대와 관련해 심판의 형태로 나타나는 것이라면, 우리는 그것에 대해 몇 가지를 예상할 수 있다.

- 심판은 만물에 대한 하나님의 주권을 확증할 것이다.
- 심판은 미국의 복, 번영, 유지, 그리고 여러 나라들의 그러한 영역에 타격을 가할 것이다.
- 심판에는 붕괴가 포함될 것이다.
- 심판은 미국의 교만과 사람들의 교만을 꺾어 겸비하게 할 것이다.
- 심판은 인간이 얼마나 하나님께 의존적인 존재인지 적나라하게 보여 줄 것이다.
- 심판은 인간의 부를 주인의 재산과 소유에서 분리시킬 것이다.
- 심판은 축적된 것을 쓸어 버릴 것이다.
- 심판은 불균형을 고르게 하며 나라와 나라들 사이의 회계를 삭제할 것이다.
- 심판은 미국과 세계에서 기능하고 목적하는 바의 종식을 유발할 것이다.

- 심판은 미국의 문명과 전 세계에 팽배한 물질주의에 맞서 증언할 것이다.
- 심판은 미국의 물리적이고 물질적인 영역과 영적인 영역의 연결을 밝힐 것이다.
- 심판은 나라와 나라들 사이에 있는 묶임, 집착, 속박을 풀어 놓을 것이다.
- 심판은 미국과 여러 나라의 금융계와 경제계에 타격을 가할 것이다.
- 심판은 노동계, 생산계, 고용계, 소비계, 수익계, 통상계에 영향을 미칠 것이다.
- 심판은 생산, 거래, 무역, 노동, 투자, 이익, 통상을 그치게 하거나 심각하게 감소시킬 것이다.
- 심판은 매년 미국과 여러 나라의 재무 회계를 변화시키고 소제할 것이다.
- 심판은 미국과 세계 안에서 채권이 행사되지 못하게 하고 채무가 사라지게 할 것이다.
- 심판은 미국과 세계 금융계에 축적된 것을 쓸어 버릴 것이다.
- 심판은 하나님을 삶에서 몰아내고, 그분의 길을 거절하고, 그분 대신 물질적 복과 우상을 추구한 나라에 하나의 징후로서 나타날 것이다.
- 심판은 미국의 교만과 영광을 나타내는 건물들을 무너뜨릴 것이다.
- 심판은 금융계와 경제계뿐만 아니라 사회와 삶의 전 영역을 건드릴 것이다.
- 심판은 문화와 시스템, 문명의 구조를 무너뜨릴 것이다.
- 심판은 물리적 실체도 무너뜨릴 것이다.
- 심판은 나라들과 열강들의 풍경을 변화시킬 것이다.
- 심판에는 열강의 번영과 몰락이 포함되어 있으며, 또 그 분야에 영향을 미칠 것이다.
- 심판은 미국을 향해 하나님께 돌아오라고 외칠 것이다.

미국 시대의 안식년

향후에 어떤 일이 있을 것인지의 문제는 신비의 중심에 자리한 예언적 경고를 다루지 않고서는 온전해질 수 없다. 우리는 주식시장 폭락, 경제 붕괴, 그리고 축적된 것들이 사라지는 이 모든 일들이 안식년과 연관되어 있음을 보았다. 각각은 복이 제거되는 것과 관계된다. 어째서 그런가?

안식년은 한 나라나 문명에 그 복이 하나님에게서 온 것이라는 점을 상기시킨다. 하나님이 계시지 않으면, 그러한 복이 지속될 수 없다. 그것은 하나님의 목적에 따라 세워지고, 하나님의 손으로 복을 받았지만 지금은 점점 그 복을 주신 하나님과 맞서 싸우고 있는 나라에 대한 하나의 경고다. 안식년은 더 이상 그 복이 지속될 수 없다고 그 나라에 던지는 경고다.

히브리어에 들어 있는 예언적 경고가 있는데, 그것은 안식년(슈미타)의 문자적인 의미, 즉 '무너뜨리다', '붕괴시키다'라는 뜻과 같다. 경고는 이런 식이다. 즉 어떤 나라도 복의 근원이신 그분의 길과 뜻을 거역하면서 그러한 복이 지속될 것이라 기대할 수 없다. 기초가 되시는 그분이 계시지 않는다면 복은 사라지고, 축적된 그것은 (그것이 아무리 높이 올라갔더라도) 결국 붕괴될 것이다.

'미국의 시대' 그리고 '미국 제국'은 높이 올라갔다. 여기서 경고는 다음과 같다. 만일 미국이 현재의 진로대로 계속 나아간다면, 열방의 우두머리로서의 자리는 무너지고, 미국의 시대와 글로벌 질서는 붕괴되고 말 것이다.

거대한 진동

여기서 한 가지 확인해야 할 것이 있다. 안식년의 시기 다음으로 알면 좋은 것이 마지막 징조가 완료되는 시점이다. 그것은 바로 그라운드 제로의 타워다. 그 다음으로 미국이 영적·도덕적 쇠락의 핵심적 문턱을 넘고 있다는 것을 주지하는 것이야말로 지혜다.

그것이 일어날 때와 관계없이 (안식년이나 그 너머인지와는 별개로) 나는 거대한 진동이 이 나라와 세계에 다가오고 있다고 믿는다. 그것이 꼭 그런 영역에 갇히거나 제한될 필요는 없겠지만, 이 진동에는 금융 및 경제 붕괴가 포함되어 있을 것이다. 금융 및 경제의 붕괴는 다른 영역의 사건들에 의해 알려지거나 격발되거나 또는 동반될 수도 있다. 그리고 비유이든 비유 이상이든, 내가 믿기로는 그 땅에 기근이 오는 것처럼 하나의 형태나 또 다른 형태로 있을 것이다.

비록 그런 일들이 국가적 심판의 표적으로 일어난다고 해도, 그것들은 또 구속과 자비의 목적으로 일어나는 것이다. 하나님의 목소리에 마음을 닫고 귀를 막은 나라가 결국은 듣고 깨어나서 돌이켜 회개하는 것 말이다.

우리는 주전 586년 선지자 예레미야와 함께 예루살렘의 폐허를 들여다보면서 이야기를 시작했다. 그가 그 황무지를 바라보면서 느꼈을 법한 것들은 오로지 상상할 수 있을 뿐이다. 만약 오늘날 우리가 미리 경고를 듣게 된다면 어떨까? 우리는 무엇을 해야 할까? 만약 재앙이 온다면, 우리는 어떻게 준비해야 할까? 우리에게 소망이 있을까? 그리고 답은 무엇인가?

다음 장에서 마지막이자 중요한 이 질문들에 답하겠다.

25
마지막 안식년

폐허, 선지자 그리고 소망

과연 소망은 있는가? 우리는 심판을 피할 수 있는가? 만일 심판이 온다면, 심판 가운데 희망은 있는가? 그리고 심판 후에 어떤 희망이 있는가?

답변을 위해, 우리는 마지막으로 주전 586년 예루살렘의 불타는 폐허로 한 번 더 돌아가야 한다. 선지자 예레미야는 나라를 향해 재앙의 날이 다가온다고 끊임없이 경고했다. 그들이 그것을 피할 수 있었을까? 그럴 수 있었다. 그들이 하나님께 돌아오기만 했더라면 가능했던 일이다. 부흥이 그들을 구원할 수 있었다. 그러려면 회개, 진로의 전환, 죄에서 돌이키는 것이 필요했다. 그러나 그들은 선지자들의 경고를 듣고 돌이키기를 거절했다. 그리고 결국 심판이 임했다.

그 심판 중에 어떤 희망이 있었는가? 그렇다. 심판은 단계적으로 왔다. 그 단계가 진행되는 동안 예레미야는 계속해서 그 나라를 향해 예언하고, 사람들을 향해 경고하고, 그들에게 하나님의 뜻을 따르고 재앙을 피하라고 간청했다. 그러나 그들은 거듭 거절했다. 그리고 또 다시 심판이 임했다.

그렇다면 심판이 임한 후, 어떤 희망이 있었는가? 예루살렘이 불타는 것, 그 땅의 황무함, 그리고 백성이 포로로 잡혀 강제로 이주되는 것을 목격한 이들은 누구라도 그 나라에 소망이 사라졌다고 말했을 것이다. 하지만 소망은 있었다.

소망이 없었다면, 어째서 하나님이 선지자들을 보내 경고하시고, 미래에 관해 예언하셨겠는가? 소망에 관한 한 좀 더 고대적인 이유가 하나 더 있었다. 바로 안식년의 신비다. 그것은 시간이 차기까지 그 땅이 황폐하게 있도록 특별하게 정해져 있었다는 것이다. 그 정해진 시간에 포로 생활이 끝났고, 백성이 돌아왔으며, 나라가 회복되었다.

소망의 문제

지금은 어떤가? 그리고 미국은 어떤가? 희망이 있는가? 만일 희망이 없다면, 징조도 없었을 것이다. 경고에 반응하리라는 소망이 없었다면, 경고하는 목적이 무엇이겠는가? 경고가 있다면, 소망도 있는 것이다.

미국에 심판을 피할 만한 소망이 있을까? 만일 회개와 부흥이 있다면, 그렇다. 하지만 이 나라가 계속해서 현재의 진로로 나아간다면, 그 대답은 "아니다"이다. 미국이 하나님께 돌아올 것처럼 보이는가? 현재로서는 그리고 그 나라가 지금 나아가고 있는 방향으로 봐서는 아니다.

심판이 임할 때는 어떤가? 그날에 소망이 있을까? 하나님의 음성과 부르심에 반응하는 사람들에게는 있다. 그러나 그렇지 않는 이들에게는 없다.

그렇다면 심판이나 재앙이 임한 후, 소망이 있을까? 하나님께 돌아오는 이들 모두에게는 있다.

심판 또는 부흥, 진동 그리고 재앙

과연 심판이 있을까, 아니면 부흥이 있을까? 둘 다 있을 수 있다. 심판과 부흥 둘 다 말이다. 부흥은 심판을 통해서 올 수 있다. 심판이 한 문명에 임할 수 있고, 또 하나님께 돌아오는 그 문명 안에 사는 사람들에게 구원과 부흥이 임할 수 있다.

거대한 진동이 임할 것이라면, 어떤 것이 소망인가? 나는 그 반대라고 답하겠다. 즉, 진동이 없다면, 소망의 기회도 없다. 미국은 하나님의 뜻에 대해 마음이 너무나도 굳어졌고, 그분의 음성에 귀가 멀었다. 그러므로 엄청난 규모의 진동에 돌파의 희망이 있다.

하나님은 한 사람도 멸망하지 않고 회개에 이르기를 바라신다(벧후

3:9). 하나님의 뜻은 구원하시는 것, 회복하시는 것, 그리고 구속하시는 것이다. 그러므로 만사는 심지어 진동과 재앙이라도 그 진리를 통해 나타나야만 한다.

우상의 몰락

안식년에는 목적이 있다. 그것은 만물에 대한 하나님의 주권과 통치를 나타내고, 사람의 주권과 통치를 폭로한다. 그것은 만복이 하나님으로부터 온다고 선언하고, 사람들을 물질 영역에서 영적 영역으로 불러내어 하나님께 돌이키게 만든다. 그러므로 안식년은 필수다. 물질주의, 번영, 음란, 우상숭배, 오만, 자아도취, 그리고 사람에게는 자신이 좋아하는 일은 어떤 일이라도 할 수 있는 권리가 있다는 관념에 사로잡힌 문화와 문명에 대처하기 위해 안식년은 더욱 더 필수적이다.

안식년이 다가오는 동안 미혹이 폭로되고, 묶임이 깨지고, 교만이 겸비하게 되고, 거짓 신은 심판을 받고, 우상은 소제된다. 하나님의 백성들의 삶 속에 있는 미혹, 묶임, 우상, 그리고 거짓 신들 말이다.

마지막 안식년

심지어 그것이 심판의 형태로 올 때조차도 안식년은 궁극적으로 상기시키고, 다시 부르고, 그리고 경고하는 자비의 현현이다. 그것은 다가오는 더욱 큰 안식년의 관점에서도 그렇다. 더욱 큰 이번 안식년은 많은 나라가 아니라 모든 개인, 모든 생명과 관련된다. 그것은 마지막 안식년이다.

    마지막 안식년은 만물 곧 우리의 삶, 우리의 존재, 우리의 호흡이 하나님에게서 오는 선물이라고 선언한다. 우리 자신에게 속한 것은 하나도 없다. 따라서 우리가 주인이라고 생각하는 관념은 환각에 불과하다. 즉 우리의 모든 교만, 속임수일 뿐이다. 우리는 주권자가 아니라 완전히 종속되어 있는 존재다. 우리가 가진 모든 것 곧 우리의 소유, 우리의 돈, 우리의 부, 우리가 살아가는 모든 순간은 우리에게 주어진 것이다.

    모든 심장박동도 빌린 것이다. 우리를 이끌거나 우리를 물러나게 하는 이 세상의 모든 것, 우리를 혼란스럽게 하거나 우리를 강제하는 이 세상의 모든 것, 우리가 추구하고, 살아가고, 삶의 목적이 되는 모든 것은 임시적이고, 순간적이며, 지나간다. 그러므로 이생의 의미는 이생의 것에서 발견되지 않고, 그 배후에 놓여 있는 그분 안에서만 발견될 뿐이다. 그리고 이생의 목적은 이생의 것을 추구하는 데서 발견되지 않고, 그것을 주신 분을 추구하는 데서만 발견된다.

    우리가 본 것처럼, 안식년은 7이라는 수와 연결된다. 성경에서 7이라는 수는 완성, 마침, 끝에 관해 말한다. 마지막 안식년은 우리 생의 마지막, 끝에 이 땅에서 누리는 우리의 시간을 마감시키며 올 것이다. 안식년은 한 나라의 복이 하나님에게서 온다고 선언한다. 마지막 안식년은 우리가 이 땅에서 누린 모든 것과 모든 순간을 하나님의 선물로 선언한다.

우리가 '소유한' 모든 것은 위탁된 것일 뿐이다. 그 모든 것은 그분에게 속했고, 심지어 우리 시대도 그렇다.

안식년은 소유를 소유권자에게서 분리시킨다. 마지막 안식년은 우리를 이 땅의 모든 것과 분리시킬 것이다. 안식년은 선행하던 모든 시기에 축적된 것을 쓸어 버릴 것이다. 마지막 안식년은 이 땅에서 우리가 보낸 시간에 축적한 모든 것을 쓸어 버릴 것이다.

안식년은 종식을 가져오고, 마지막 안식년 역시 그렇다. 안식년이 그런 것처럼, 마지막 안식년 역시 우리를 물질 영역에서 영적 영역으로 불러낸다. 안식년이 그런 것처럼, 마지막 안식년은 묶임, 집착, 그리고 속박에서 자유롭게 한다.

안식년이 '무너뜨리다'를 뜻하는 것처럼, 마지막 안식년도 땅에 속한 우리의 존재와 실존을 무너뜨릴 것이다. 안식년이 사람의 소유가 없어지는 것으로 나타나듯이, 마지막 안식년에도 땅에 속한 우리의 소유와 이생에 속한 모든 것들이 사라질 것이다. 안식년이 '자유롭게 하다'를 뜻하는 것처럼, 마지막 안식년에 우리는 이생에서 자유롭게 될 것이다. 그리고 안식년이 사람들을 물질적인 것에서 하나님께로 이끌 듯, 마지막 안식년이 우리를 물질 영역에서 하나님께 속한 영역으로 이끌 것이다.

마지막 질문

《징조》의 끝에 가까워지면서 선지자가 누리엘에게 질문을 한다. "심판

날에 너는 무엇을 하려느냐?"

이 질문은 우리 모두가 답해야 하는 궁극적 질문이다. 마지막 안식년이 우리를 영원으로 인도하기 때문이다. 우리는 안식년과 심판 사이의 연관성을 보았다. 따라서 마지막 안식년과 마지막 심판 역시 같이 있다. 사람들은 《징조》의 메시지를 들으며 종종 이렇게 질문한다. "다가오는 재앙을 고려할 때 나는 무엇을 해야 하나요?" 이 질문은 매우 중요하다. 성경은 "슬기로운 자는 재앙을 보면 숨어 피하여도"(잠 27:12)라고 말한다.

그러나 우리가 한 나라의 심판을 보든 또는 여러 나라의 심판을 보든 간에, 우리 모두가 심판의 날을 보게 될 것은 분명한 사실이다. 성경은 우리 각자가 그날에 하나님 앞에 서게 되리라고 선언한다. 그리고 그날에 우리가 저지른 죄의 정도는 문제가 되지 않을 것이다. 어떤 죄라도 그 죄질에 상관없이 또 그 강도에 상관없이 무한히 그리고 영원히 심판을 받을 것이다.

그때 만일 우리가 하나님 앞에서 의롭지 못하다면, 우리가 구원 받지 못한다면, 우리에게 제공된 구원을 받지 않았다면, 오로지 한 가지 가능성밖에는 없을 것이다. 하나님과 영원히 분리되는 것 곧 영원한 심판이다.

마지막에 그것은 두 가지로 귀결된다. 천국 아니면 지옥이다. 하나님의 말씀에 따르면, 영원의 두 세계 사이에 서게 하는 것은 우리가 얼마나 종교적이었는가, 얼마나 선하거나 악했는가 하는 것이 아니다. 오직 하나밖에 없다. 즉, 우리는 거듭났는가? 이 사실은 성경에 더 없이 분명하게 언급되어 있다. "사람이 거듭나지 아니하면, 하나님의 나라를 볼 수 없느니라"(요 3:3).

예슈아

우리는 어떻게 심판 날에 안전할 수 있는가? 답은 '안전'이라는 단어를 뜻하는 히브리어 곧 '예슈아'^{yeshua}에 있다. 이것은 우리가 예슈아라고 부르는 단어와 같은 어근으로, 우리말로 번역할 경우 '예수'가 된다.

국가적 심판의 날에 그리고 마지막 심판의 날에 예슈아, 예수님밖에는 안전이나 구원이 없다. 그분 안에는 두려움이 없다. 사람의 생명을 건지고, 사람의 생명에 속한 모든 것을 건지는 일은 구원이신 그분 안에 있다. 그것이 핵심이다. 성경은 다음과 같이 기록한다.

> 하나님이 세상을 이처럼 사랑하사 독생자를 주셨으니 이는 그를 믿는 자마다 멸망하지 않고 영생을 얻게 하려 하심이라 요 3:16

성경에 기록된 바, 이 세상에 나타난 가장 위대한 사랑은 메시아 안에 있는 하나님의 사랑이었다. 메시아께서 우리 대신 우리 죄를 위해 우리의 심판을 짊어지고, 십자가에서 처형 당하시고, 사망에서 생명으로 일어나심으로 우리가 구원 받을 수 있게 되었다.

사람은 어떻게 거듭나는가? 성경에서 거듭 선언하는 바, 그분을 진실하게 영접하는 자, 그분을 진실하게 믿는 자, 그분을 진실하게 자기 삶의 주와 구원자로 삼는 자, 그리고 그분의 제자로서 진실하게 그분을 따르는 자는 누구라도 거듭난다. 즉 구원을 받는다. 그 일은 결단, 기도, 마음을 드리는 것, 부르심에 응답하는 것으로 시작될 수 있다. 그것이 바로 새 생명의 시작이다.

무너질 것과 남아날 것

2001년 안식년이 그 끝에 이르면서, 미국은 두 개의 커다란 타워가 붕괴되는 것을 보았다. 하지만 그 타워가 무너졌을 때, 한 물체가 꿋꿋하게 서 있었다. 그것은 그 재앙으로 인해 만들어진 강철 십자가였다. 그것은 재앙의 한복판에 선 소망의 상징이자 인간의 증오 앞에 선 하나님의 사랑이었다. 그것은 그 자체로 하나의 표적이었다.

결국 안식년은 만물이 사라지고 모든 것이 붕괴되며 무너지겠지만, 하나님과 그분의 사랑, 그리고 그분의 구원은 영원하다는 것을 선언한다. 그밖에 우리가 추구하던 모든 것이나 기대어 살던 모든 것은 아무 의미가 없을 것이다. 그것들은 다 사라진다. 하지만 하나님의 사랑과 그분의 구원은 무너지지도, 붕괴되지도 않고, 실패하지도 않고, 영원히 거할 것이다. 그리고 문제가 되는 유일한 것은 우리가 그분을 찾을 것인지, 그분을 발견할 것인지, 그리고 그분과 바른 관계에 있을 것인지 하는 것뿐이다. 즉 그 사랑과 구원 안에 있는가이다.

현재와 영원

성경은 지금이 구원의 때라고 말한다. 지금이 하나님과 바른 관계를 맺을 때다. 내일로 미룰 수가 없다. 우리에게 있는 유일한 날은 오늘이고, 지금 이 순간뿐이다. 시간이 없다. 어떤 것이라도 삶에서 바르지 않은 것이 있으면, 하나님과 그분의 뜻에 속하지 않는 것이 있다면, 지금 그것을 삶에서 제거해야 한다. 그리고 어떤 것이라도 하나님이 하라고 혹은 있게 하라고 하셨으면, 지금 그것을 하고 있게 하여 삶 속에 들어오게 해야 한다.

기본적으로 경고하는 소리는 기분 좋은 것이 아니다. 정말로 그렇다. 만일 그것이 기분 좋은 것이라면, 깨우거나 경고하려는 소임을 다하지는 못할 것이다. 《징조》와 《안식년의 비밀》은 신비를 드러낼 뿐 아니라 경고하는 소리이기도 하다. 나는 경고하는 소리를 발하지 말까 하는 생각이 들 때마다, 하나님이 에스겔에게 주신 말씀을 떠올린다. 파수꾼이 다가오는 위험을 보고 백성에게 경고하기 위해 나팔을 불지 않으면, 재앙이 임할 때 그들의 피가 그 머리에 돌아갈 것이다. 그래서 나는 경고의 나팔을 분다.

시간이 없다. 이쪽이든 저쪽이든, 심판은 올 것이다. 지금이 구원 받을 때다. 지금이 의롭게 되기 위해 무엇이라도 해야 할 때다. 그리고 지금이 그 부르심에 응답하는 자들이 위대하게 되는 때다.

경고의 소리가 울렸다. 나팔 소리가 울렸다. 부르는 소리가 들렸다.

선택만 남았다. 반응하거나 그렇지 않거나 둘 중 하나다. 《징조》는 마지막 부르심에 가깝다. 즉 선지자의 마지막 말들이다. 나는 이 책을 읽는 이들에게 같은 말을 남기겠다.

"들을 귀 있는 자들은 듣고 구원을 받으라!"

에필로그

검은 해와 일곱째 안식년

01 마지막 메모
검은 해와 붉은 달

표적들과 심판

여기서 세부사항을 좀 더 살펴보겠다. 고대 랍비들은 일식을 심판의 표적으로 보았는데, 이와 관련된 참고 구절이 랍비의 기록인 수카 29a 에 있다.

우리 랍비들이 가르치길, 해가 가려질 때 그것은 온 세상에 나쁜 징조다 … 우리 랍비들이 가르치길, 해가 가려질 때 그것은 우상숭배하는 자들에게 나쁜 징조다. 하지만 달이 가려질 때, 그것은 이스라엘에 나쁜 징조인데, 이는 이스라엘이 달을 기준으로 시간을 헤아리고 우상숭배하는 자들은 해를 기준으로 시간을 헤아리기 때문이다.[11]

물론 일식과 월식은 자연적이고 규칙적인 현상, 곧 해와 지구 그리고 달의 상대적 운동에 의해 결정된다. 그리고 랍비들의 저작에는 성경적인 권위가 없다. 하지만 특정 상황에 해와 달이 어두워지는 것과 심판의 연관성에는 성경적 근거가 있다.

> 보라 여호와의 날이 이르러 … 하늘의 별들과 별 무리가 그 빛을 내지 아니하며 해가 돋아도 어두우며 달이 그 빛을 비추지 아니할 것이로다 사 13:9-10

> 여호와의 날이 가까움이로다 해와 달이 캄캄하며 욜 3:14-15

> 그 날 환난 후에 즉시 해가 어두워지며 달이 빛을 내지 아니하며 마 24:29

검은 해와 붉은 달

이런 구절들에 언급된 사건들은 일반적이고 자연적으로 일어나는 사건들이 아니라 묵시적 사건들이다. 이에 더해 일식과 월식은 자연적으로는 동시에 발생할 수 없다.

성경은 해와 달과 하늘의 별들이 '표적'으로 기능한다고 말한다. 창세기 1장 14절에 사용된 히브리어 단어 '오토테'$_{otote}$는 '증거', '표시', '징조'로도 번역될 수 있다. 동일한 구절은 그것들이 날과 해와 '계절'과 연관된다고 말한다. 그런데 '계절'로 번역된 히브리어는 '모에데엠'moedeem이다. 모에데엠은 문자적으로 '약속'이나 '정한 시간'이나 '정한 모임'을 뜻하는 단어로, 이스라엘의 절기를 가리키는 데 사용되었다. 이에 더해 성경이 이러한 하늘의 광명체들을 심판이나 마지막 때의 표적으로 강조하고 있으므로, 최소한 우리는 그것들이 때로 의미 있는 사건들의 표적으로 기능할 수도 있다고 결론지어야 한다.

2014년 봄부터 2015년 가을까지 특이하게도 월식이 연달아 네 번 일어나는 것으로 알려졌다. 각각은 모두 유대 절기에 해당된다. 그것들은 특별히 '블러드문'blood moon이라 불리는데, 월식 중에 달들이 붉은 색을 띠기 때문이다. 유대 절기에 그것도 연달아 네 번이나 월식이 일어난 경우는 지난 2000년간 여섯 번에 불과하다. 그 여섯 번 중 세 번은 유대 역사상 중심축이 되는 사건들과 연관되었다. 바로 스페인에서의 유대인들의 추방, 이스라엘의 재탄생, 그리고 예루살렘 탈환 때였다.

이러한 사건들과 안식년 사이에 어떤 연관성이 있을까?

그 첫 여섯 달은 제외하고, 이러한 일련의 블러드문이나 월식은 모두 다가오는 안식년과 그 가을 여파 안에 있었다. 하나의 월식은 안식년이 시작되는 티슈리 월에 일어났다. 그 다음 월식은 안식년의 한가운데를 알리는 봄에 일어났다. 그리고 마지막 것은 안식년을 마감하며 그 절정 이후를 알리는 티슈리 월에 일어났다.

그런데 자주 간과되어 왔던 것은 그 타이밍과 관련된 일식의 의미다.

검은 해와 징조

우리는 해가 어두워지는 것과 그라운드 제로 타워 사이의 타이밍에 연관성이 있음을 주지해 왔다. 타워는 이미 심판의 표적으로 여겨진다. 하지만 우리가 살펴본 것처럼 타워가 최고의 높이에 이른 그때, 타워가 첨탑으로 왕관을 쓰던 그날, 해가 어두워졌다. 타워는 일식이 일어난 날에 왕관을 썼다.

실은 그 타워에 왕관을 씌우려던 시도가 2주 전에 있었다. 하지만 그날 타워 꼭대기에 갑작스런 강풍이 닥쳐 그러한 시도가 수포로 돌아갔다. 그날은 4월 29일이었다. 그 타워에 왕관을 씌우려고 처음 시도한 날로부터 1년 뒤인 4월 29일에 해가 다시 어두워져, 또 다른 일식이 타워가 올라가는 타이밍과 연결되었다.

검은 해와 안식년

이러한 현상은 그저 타워와 연결될 뿐 아니라, 어떤 경우에는 안식년과 연결되기도 한다. 더러 해가 어두워지는 일은 안식년 절정의 끝과 합쳐졌다. 그런데 이것이 어떤 중요한 사건이 반드시 동시에 일어나야 한다는 뜻은 아니다. 1959년에 일어난 결합에는 특별히 눈에 띄는 의미 있는 사건이 없었다.

다른 한편, 해가 안식년의 절정 끝 시간에 캄캄해졌을 때, 더러 그것은 아주 중요한 사건 곧 안식년 끝과 관련해 성경에서 정한 영역 곧 금융계에서 우연찮게 발생한 사건에 대한 표식이었다.

1931년의 검은 해

1931년 9월 12일에 일식이 있었는데, 그 일은 안식년 끝에 발생했다. 유대력에 따르면, 그 일식은 티슈리 월 1일, 안식년을 마감하는 절정의 끝, 엘룰 월 29일 일몰, 재정의 원천무효가 시작되는 바로 그날 발생했다.

그 결합 8일 후 영국이 본위제를 포기했고, 전 세계 시장은 폭락했으며, 은행들이 줄도산하기 시작했다. 안식년 끝에 해가 어두워진 일은 월 스트리트 역사상 월 단위 가장 큰 퍼센티지 폭락을 가져왔다.

1987년의 검은 해

1987년에는 9월 23일에 일식이 있었는데, 그 일은 안식년 끝에 발생했다. 그것은 정확히 엘룰 월 29일, 재정의 원천무효 그 절정의 날에 일어났다.

그 결합 후 30일이 못 되어 월 스트리트 역사상 가장 놀라운 붕괴가 찾아왔다. 그 검은 해는 월 스트리트 역사상 가장 큰 퍼센티지 폭락인 '블랙 먼데이'(검은 월요일)를 가져왔다. 거듭해서 안식년 절정의 끝에 해가 캄캄해진 일은 미국 역사상 가장 큰 금융 붕괴를 야기했다.

시장이 소실된 비율 면에서, 안식년 끝과 검은 해가 결합된 일은 월 스트리트 역사상 가장 검은 달과 가장 검은 날로 알려졌다.

다가오는 검은 해

다가오는 안식년의 대부분은 2015년에 속할 것이다. 그리고 그 해에 일식이 두 번 예정되어 있다. 첫째는 3월 20일에 일어날 것이다. 유대력에 의하면, 3월 20일 일몰까지는 아다르 월 29일이고, 일몰 후부터는 니산 월 1일이다. 그날은 정확히 안식년의 한가운데다. 따라서 해가 캄캄해지는 일은 거룩한 해의 시작, 그리고 정확히 안식년의 한복판을 표시할 것이다.

2015년의 둘째 일식은 9월 13일에 일어날 것이다. 9월 13일은 엘룰 월 29일인데, 바로 안식년의 끝, 원천무효의 날이다.

그날은 1931년 9월과 거듭해서 1987년 9월에 그랬던 것처럼, 안식년의 절정 끝에 있을 것이다. 과거에 그것은 월 스트리트 역사상 최악의 붕괴를 동반했다. 그렇다면 이번에는 어떤 일이 있을까?

거듭 말하지만, 전과 같은 현상이 반드시 다음 결합에서 나타날 필요는 없다. 하지만 이것을 알아두는 것은 지혜로운 일이다.

02 마지막 비밀
일곱째 안식년

희년

여기 마지막 신비 곧 안식년의 예언적 본질뿐 아니라 그 구속의 역동을 드러내는 것이 있다. 성경에서 일곱째 날은 안식일이고, 일곱째 해는 슈미타 혹은 안식년이다. 그리고 일곱째 안식년은 '희년'이라 불리는 해로 이어진다. 희년은 항상 안식년을 따른다.

> 너는 일곱 안식년을 계수할지니 이는 칠 년이 일곱 번인즉 안식년 일곱 번 동안 곧 사십구 년이라 일곱째 달 열흘날은 … 너는 (희년의) 뿔나팔 소리를 내되 레 25:8-9

'희년'이라는 단어는 축하의 시간이나 기념일을 뜻하는데, 히브리어로는 '요벨'yobel이다. '요벨'은 '나팔 소리'를 뜻한다. 희년은 울려 퍼지는 나팔 소리로 그 도래를 알렸다.

자유롭게 하는 해

7년의 일곱째 주기처럼, 희년은 강력한 안식년에 속한다. 그것은 새로운 단계를 가져오는 안식년이었다. 안식년에 땅이 안식했고, 희년에도 그랬다.

> 그 오십 년째 해는 너희의 희년이니 너희는 파종하지 말며 스스로 난 것을 거두지 말며 가꾸지 아니한 포도를 거두지 말라 레 25:11

안식년에 자유가 왔다. 그런데 희년에 그 자유는 새로운 의미를 가졌다. 그것은 단순히 땅을 놀리거나 빚이 청산되는 것이 아니었다. 희년은 특별히 노예들과 갇힌 자들이 풀려나는 자유의 해였다.

> 너희는 오십 년째 해를 거룩하게 하여 그 땅에 있는 모든 주민을 위하여 자유를 공포하라 레 25:10

회복의 해, 집으로 돌아오는 해

빚진 자들에게 안식년은 모든 빚이 사라지는 회복을 가져왔다. 그런데 희년의 회복에는 보다 더 많은 것이 포함되어 있었다.

> 이 해는 너희에게 희년이니 너희는 각각 자기의 소유지로 돌아가며 각각 자기의 가족에게로 돌아갈지며 … 이 희년에는 너희가 각기 자기의 소유지로 돌아갈지라 레 25:10, 13

만일 사람이 자기 기업이나 가족의 기업을 잃어버렸으면, 희년에 그것이 회복될 것이다. 희년은 회복의 해였고, 화해의 해, 귀환의 해였다. 희년에 만일 다른 사람들의 땅을 소유하고 있으면, 그들은 그것을 내줘야 했다. 희년에는 각 사람이 자기 가족들에게 돌아가고, 가족들이 자기 조상의 집과 땅으로 돌아가고, 소유들이 그 주인들에게로 돌아가고, 그리고 빼앗긴 것들이 그 기업으로 돌아갔다.

그런데 오늘날에는 아무도 희년이 언제 임할지 확실하게 알지 못한다.

주후 70년 – 시온과 예루살렘의 상실

주후 70년, 4년 전 시작된 전쟁이 절정의 순간에 이르렀다. 예루살렘은 새롭게 왕관을 쓴 베스파시안 황제의 아들 티투스가 이끌던 로마군에게 포위되었다. 도성 안에는 혼돈, 분열, 그리고 기근이 있었다. 결국 로마군이 성벽을 무너뜨렸다. 성전은 불길에 휩싸였고, 예루살렘은 함락되었다. 무수히 많은 주민들이 학살되었고, 수많은 사람들이 노예가 되었다.

40년 전, 갈릴리의 랍비 예슈아, 후에 '예수'라고 알려진 이가 예루살렘이 멸망하고 사람들이 여러 나라에 포로로 끌려갈 것이라고 예언했는데, 결국 그분의 말씀대로 이루어졌다. 유대인들은 자기 고향과 땅에 속한 그들의 가장 자랑스러운 소유인 예루살렘이라는 거룩한 도성을 잃어버렸다. 그들은 거의 2천 년 동안 나라와 나라를 떠돌았다. 그들의 땅이 황무지가 되고, 버려지고, 거부당하면서 그들도 학대 받고, 핍박 받고, 또 쫓겨 다녔다.

외인들과 귀환의 예언

그러나 성경은 마지막 때에 하나님이 유대인들을 땅끝에서 모아 이스라엘 땅, 그들의 옛적 고향, 예루살렘, 그들의 거룩한 도성으로 돌아오게 할 것이라고 예언했다. 유대인들이 이스라엘 땅으로 귀환하는 것은 마지막 때에 관한 예언의 중심 사건이다. 지난 2천 년이라는 시간 동안 그 귀환은 전혀 불가능해 보였다.

유대인들은 땅끝으로 흩어졌고, 많은 이들이 그들의 옛적 땅으로 귀환할 의향이 없었다. 그리고 이스라엘 땅은 다른 이들의 수중에 있었다.

주후 70년에 그 땅은 로마군이 차지했다. 수세기 후 그것은 비잔틴 사람들의 수중에 들어갔다. 그리고 비잔틴 사람들은 그곳이 무함마드 그리고 알라를 위한 땅이라고 주장한 아랍군에 의해 정복당했다. 그런 다음 십자군들이 들어왔고, 그 후에 더 많은 무슬림 군대가 들어왔다. 15세기에 그 땅은 오스만 투르크에게 넘어갔고, 오스만 투르크 제국이 20세기까지 그 땅을 지배했다.

제국의 변화

19세기에 부흥이 영국 땅을 휩쓸었다. 부흥의 열매 중 하나는 유대인들과 이스라엘을 향한 사랑이었다. 그 사랑은 한 영국 소년이 자기 어머니에게서 배운 기도에 나타났는데, 거기에는 다음과 같은 그의 헌신이 들어 있었다.

> 오 주님, 우리는 주님의 옛적 백성 이스라엘을 잊지 않았습니다. 이스라엘이 다시 주님의 백성이 되는 날과 주님의 은총이 그 땅에 회복되는 날을 앞당겨 주세요.[12]

이 일은 20세기 초 대영제국이 당시 이스라엘 땅을 지배하고 있던 오스만 투르크 제국과의 전쟁에 휘말리면서 일어났다.

전쟁 중 오스만 제국은 산산조각 났고 에드먼드 알렌비 장군이 이끄는 영국군이 성지에 들어갔다. 영국은 싸우지도 않고 예루살렘 성을 차지했다. 이 알렌비 장군은 매일 밤 유대인들이 옛적 고향 땅으로 돌아가게 해 달라고 하나님께 기도한 바로 그 소년이었다. 이제 그는 영국 장군으로서 그 일을 가능케 할 핵심 도구가 되었다. 그렇게 2천 년 만에 최초로 그 땅이 유대인들을 긍휼히 여긴 한 강대국의 수중에 들어갔다.

그 땅의 회복

알렌비가 예루살렘에서 승리하기 1개월 전, 영국 정부가 밸푸어선언 Balfour Declaration 을 발표했는데, 거기에는 아래와 같은 언급이 있었다.

> 영국 정부는 팔레스틴을 유대인들의 조국으로 삼는 것에 찬성하고, 이 목적을 이루기 위해 최선의 노력을 기울일 것입니다.[13]

이 선언은 유대인들이 이스라엘 땅으로 돌아가는 데 결정적인 역할을 한 전환점이 된 것으로 알려졌다. 그것은 2천 년 만에 주어진 첫 전환점이었다. 로마 제국이 유대인들을 몰아낸 이래, 최초로 주요 강대국 중 한 나라가 유대인들의 조국 설립과 그들의 귀환을 위해 이스라엘 땅을 열어젖힌 것이다.

안식년의 신비와 시온의 회복

희년은 넓게 보자면 땅의 회복, 곧 빼앗긴 것의 회복이 관건이다. 유대인들에게는 땅의 회복과 관련해 밸푸어선언보다 더 위대하고 적실한 희년은 없을 것이다. 어째서 이것이 중요한가? 그것이 안식년의 비밀과 어떤 연관이 있는가?

희년은 안식년 이듬해에 온다. 그것은 안식년 끝에 이어지는 가을, 욤 키푸르Yom Kippur, 대속죄일, 안식년 가을 이후에 시작된다. 알렌비는 1917년 12월 11일에 예루살렘에 들어갔다. 그리고 밸푸어선언은 그보다 1개월 이른 11월 2일에 발표되었다. 또 그로부터 두 달이 채 안 되는 1917년 9월 16일에 안식년이 그 끝에 이르렀다. 따라서 1917년 9월에 시작되어 1918년 9월까지 지속된 해는 '안식년 이후의 해'로 여겨진다.

1917년이 실제 달력상의 희년인지 아닌지 우리는 정확하게 말할 수 없다. 하지만 자기 땅에서 쫓겨나 2천 년 동안 유배당한 유대인들과 관련해서 그것은 확실히 예언적 희년이었다. 그것은 엄청난mega 희년, 시대적 희년이었다. 그리고 희년에 관해 옛 계명이 정한 것처럼, 그것은 우연찮게 안식년 이듬해에 일어났다.

희년은 회복의 해가 되어야 한다. 1917년에 유대인들과 관련하여 그 땅을 회복하는 첫 번째 공식 행동이 있었다. 희년에 각인은 "그의 소유로 돌아가야" 한다. 같은 방식으로, 1917년에 유대인들에게 문이 열려 그들의 소유인 이스라엘 땅으로 돌아가게 되었다.

희년에 사람들이 누군가의 땅을 소유했다면, 그들은 그것을 돌려줘야 했다. 이처럼 1917년에 오스만 투르크 제국이 소유하고 있던 그 땅을 이스라엘에게 돌려주었다. 그들은 그 땅에 대한 2천 년간의 이방인의 지배를 대표했지만, 결국 종식되었다.

희년에 각 사람은 "그의 가족에게 돌아가야" 한다. 1917년에 이스라엘 땅이 열리면서 세계 전역의 유대인들이 그들의 가족에게 돌아갔다.

희년에 각 사람은 그 조상의 집과 땅으로 돌아간다. 1917년에 길이 열리자 유대인들이 그 조상의 집, 땅, 기업으로 돌아갔다.

희년에 포로들은 자유롭게 된다. 주후 70년, 유대인들은 여러 나라에 포로로 끌려갔다. 그리고 1917년에 길이 열려 2천 년간의 유배가 끝나고 포로 생활이 종식되었다. 포로들이 자유롭게 된 것이다. 그것도 희년에 말이다.

1967년 6일 전쟁

1967년 봄, 이집트 정부는 소련으로부터 제공받은 이스라엘의 공격에 관한 거짓 정보에 근거해 이스라엘과의 전쟁을 준비하기 위해 군대에 총동원령을 내렸다. 5월 19일, 이집트 대통령 나세르는 유엔평화유지군에 가자(가사)와 시나이(시내)에 즉각 주둔할 것을 요구했고, 유엔은 그 요구에 응했다.

5월 22일, 이집트는 티란 해협에서 나오는 이스라엘의 배들을 봉쇄했다. 이스라엘이 전쟁 행위로 간주한 이 일은 주변 아랍국들의 위협들과 결부되면서 이스라엘은 선제공격을 가할 수밖에 없었다. 6월 5일, 이스라엘은 이집트와 아랍의 공군 기지들에 대한 가공할 만한 일련의 공습을 개시했다. 그것이 바로 6일 전쟁의 시작이었다.

　이스라엘 독립전쟁 당시 요르단 부대가 옛 예루살렘 성을 접수하고 있었다. 6일 전쟁 첫날, 이스라엘은 요르단을 향해 전쟁에 관여하지 말 것을 요구했다. 하지만 요르단은 다른 아랍국들과 합세하여 공격했다. 6월 7일, 이스라엘 병력이 요르단 병력이 주둔하고 있던 옛 예루살렘 성에 접근했다. 모르데카이 구르 장군은 당시 사령관들에게 아래와 같이 공표했다.

> 우리는 바로 지금 산등성이에 앉아서 구 시가지를 보고 있다. 이제 우리는 모든 세대가 꿈에 그리던 예루살렘 구 시가지로 들어갈 것이다.[14]

예루살렘이 돌아오다

　이스라엘의 낙하산 부대원들은 사자의 문 Lion's Gate 으로 들어가서 옛 성의 자갈길로 나아갔다. 그들은 성전산과 통곡의 벽을 향해 진군했다. 로마인들이 예루살렘을 파괴한 이후로 유대인들이 다시 예루살렘을 본 것은 그때가 처음이었다.

　그들은 유대교의 가장 거룩한 구역, 통곡의 벽에 이르렀다. 군인들은 거대한 돌들을 올려다보면서 경외감에 사로잡혔고, 그들 중 많은 이들이 울었다. 동시에 그들은 쉐헤키아누 Shehechianu 라는 고대 히브리어 기도문을 암송하기 시작했다.

> 바룩 아타 아도나이, 엘로헤누 멜렉 하 올람 쉐헤키아누, 베키에마누, 베히기아누 라츠만 하체
>
> (주님을 송축합니다. 주 우리 하나님, 우주의 왕이시여. 주님은 우리를 지키시고, 우리의 삶을 보전하시며, 우리가 이날까지 이르게 하셨습니다.)

당시 그들은 랍비 쉴로모 고렌과 함께했는데, 그는 통곡의 벽에서 쇼파르를 불며 이스라엘의 해방을 선포했다. 고렌은 그 벽에 모인 군인들에게 다음과 같이 말했다.

> 모든 세대의 꿈이 우리 눈앞에서 실현되고 있다. 드디어 하나님의 도성, 성전 구역, 성전산과 통곡의 벽, 나라의 구속의 상징이 구속되었다.[15]

주후 70년 재앙 이후 처음으로, 예루살렘이 유대인의 수중에 들어왔다. 거룩한 성이 유대인들에게 회복되고, 유대인들이 거룩한 성으로 돌아왔다. 그 순간은 매우 예언적이며, 마지막 때에 대한 성경 예언의 초석이 되었다.

안식년의 비밀과 예루살렘의 회복

사람이 땅과 기업으로 회복되는 것이 희년의 핵심이다. 유대인들은

매년 유월절에 "내년에는 예루살렘에서"라고 말하면서 의례적인 식사를 마감했다. 그런데 이제 그들이 실제로 그곳에 있게 되었다. 땅 자체의 회복과는 별도로, 유대 나라 2천 년 역사에서 예루살렘 회복보다 더 위대한 회복은 없을 것이다. 그렇다면 예루살렘 회복과 안식년은 어떤 관계가 있을까?

우리가 본 것처럼 희년은 안식년 이듬해에 온다. 이스라엘 군인들은 1967년 6월 7일에 사자의 문에 들어갔다. 주후 70년 재앙 이래 최초로 예루살렘이 유대인들 수중에 돌아왔다. 안식년은 1965년 9월 27일에 시작되어 1966년 9월 14일에 끝났다. 그리고 예루살렘의 해방이 안식년 이듬해 곧 희년에 일어났다.

이스라엘 땅이 유대인들의 고향 땅으로 주어진 것처럼, 예루살렘 탈환은 하나의 예언적 희년이었다. 거의 2천 년 동안 세계 전역에서 유대인들이 드린 기도 속에서 고양된 희년 곧 일종의 놀라운 희년이었다. 그리고 1917년처럼, 다시 그 일이 안식년 이듬해에 일어났다.

희년은 해방의 해다. 거의 2천 년 만에 예루살렘이 후손들에 의해 해방되었다.

희년은 구속에 관한 것이다. 1967년에 발생한 사건은 세계 전역의 유대인들에게 국가의 구속의 중심축이 되는 순간이었다.

희년은 회복의 해다. 1967년에 예루살렘이 유대인들에게 회복되었고, 유대인들은 예루살렘으로 돌아가게 되었다. 유대인들은 이보다 더 큰 회복을 상상할 수 없었다.

희년에 각 사람은 그 소유로 돌아가야 한다. 예루살렘은 하나님이 유대인들에게 주신 것이었는데, 이제 그들은 자신의 소유로 돌아갔다.

희년에 누군가의 기업을 소유하고 있던 이들은 그것을 포기해야 했다. 1967년에 요르단 병력은 예루살렘을 포기했고, 이스라엘 사람들은 하나님이 약속하신 기업의 문에 들어갔다.

희년에 백성은 자기 조상의 집으로 돌아간다. 1967년에 유대인들은 예루살렘 자기 조상의 집으로 돌아갔다. 주후 70년의 예루살렘 함락은 유대 역사상 가장 큰 상실의 날로 기록되었다. 그런데 상실된 그것이 회복되었다. 정확히 희년에 말이다.

마지막으로, 희년에 쇼파르 곧 양각 나팔이 그 땅 전역에 울려 퍼지면서 자유와 회복을 알렸다. 1967년에 예루살렘이 유대인들에게 회복되었을 뿐 아니라, 그 회복의 순간에 양각 나팔이 통곡의 벽에서 울려 퍼지면서 자유와 해방을 알렸다.

두 가지 회복의 신비

여기 유대 역사상 가장 중요한 중심축이 되는 두 가지 사건이 각각 예언적 희년, 안식년 이듬해에 일어났다. 현대 유대 역사상 가장 큰 회복 사건인 이 두 가지는 유대인들이 그 땅으로 회복된 것을 나타내고, 그 각각은 귀환하는 것, 되돌려 주는 것, 집으로 돌아오는 것, 그리고 기업의 구속을 나타낸다. 그리고 그 두 가지 모두 안식년과 연결된다.

그 모든 것은 유대인들이 예루살렘과 이스라엘 땅을 상실한 주후

70년에 시작되었다. 가장 적절한 계산에 의하면, 주후 68년 가을과 주후 69년 가을 사이의 시기는 안식년이었다. 그 말은 예루살렘의 멸망과 이스라엘 땅의 상실이 안식년 이듬해에 일어났다는 뜻이다. 그리고 이와 같은 두 가지 재난과 상실 모두가 1917년과 1967년에 반전되고, 구속되고, 회복되었고, 그 모두가 안식년 이듬해에 일어났다.

일곱째 안식년과 회복의 시기

두 사건이 (희년이 그랬던 것처럼) 안식년 이듬해에 일어난 것뿐만 아니라, 또 그 두 시기 사이에 한 가지 중요한 비밀이 있다. 희년의 주기는 7년이 일곱 번 지나는 주기 곧 7번의 안식년으로 되어 있다. 이에 50년째는 다음 7년 기간의 첫 해로 간주된다. 그렇지 않으면, 안식년 및 희년 주기가 어긋나기 때문에 구속 주기는 49년이다.

그러면 유대력상 회복의 두 해, 곧 대영제국이 유대인들에게 그 땅을 회복시켜 준 해와 6일 전쟁으로 예루살렘이 이스라엘로 회복된 해가 얼마나 떨어져 있을까? 첫 번째 회복의 해는 1917년 9월에서 1918년 9월까지였다. 그리고 예루살렘이 회복된 해는 1966년 9월에서 1967년 9월까지였다. 놀랍게도 두 회복의 간격이 정확히 유대력상 7년이 7번 지난 49년, 곧 성경에서 두 회복 사이에 있을 것으로 지정된 햇수다. 그것은 땅, 소유, 고향의 회복을 위해 주어진 성경의 수다. 다시 말해서, 그 일은 이스라엘 나라에 정확히 49년 주기로 일어났다.

1917년과 1967년은 유대 역사와 마지막 때의 예언에서 대서사시의 해였다. 각각의 시기에 그 땅에 대한 주권의 변화가 있었다. 각각은 그 땅에 대한 소유권을 포기하도록 강제되었는데, 1917년에 오스만 투르크 제국이 그랬고, 1967년에 요르단 군대 역시 그랬다. 그 일은 1917년 제1차 세계대전과 1967년 6일 전쟁을 통해 일어났다. 여기에는 이스라엘 땅에서의 싸움과 옛 백성이 자기 땅으로 회복되고 조상의 유업을 회복하는 일이 포함되어 있었다.

첫 회복은 1916-1917년의 안식년 후에 일어났다. 그리고 그때부터 거슬러 내려오면 1965-1966년의 일곱째 안식년에 이르게 된다. 이 일곱째 안식년은 또 다른 위대한 회복의 해, 바로 예루살렘의 회복으로 이어진다. 만일 그 주기가 미래에도 계속된다면, 다음번은 어느 해와 맞아 떨어질까? 일곱째 안식년은 2014-2015년이 될 것이다. 그러므로 희년은 2015년 9월-2016년 9월이 된다.

마지막으로, 다른 신비들과 주기들처럼 두 회복 사이의 연관성이 반드시 오는 주기 끝에 반복될 필요는 없다. 하지만 분명 이것은 알아두면 좋을 일이다.

 각주

| 03 |

1) The bricks have fallen, but we will rebuild with hewn stone; the sycamores have been cut down, but we will plant cedars in their place. 이사야 9장 10절을 번역했다. 이사야 9장 10절 원문은 대부분의 번역본보다 더 심오한 의미를 담고 있다. 그래서 나는 《징조》 전반에 걸쳐 이 특정 구절의 단어들을 원문에서 직접 번역하여 상세히 설명했다. NKJV은 이사야 9장 10절을 "벽돌이 무너졌으나 우리는 다듬은 돌로 다시 쌓겠다. 뽕나무들이 찍혔으나 우리는 백향목으로 그것을 대신하겠다"로 번역한다.

2) Washington File, "Text: Senator Majority Leader Daschle Expresses Sorrow, Resolve", 2001년 9월 13일, http://wfile.ait.org.tw/wf-archive/2001/010913/epf407.htm(2014년 7월 1일 접속).

| 07 |

3) GreatSeal.com, "First Great Seal Committee-July/August 1776", http://greatseal.co./committees/firstcomm/(2014년 7월 2일 접속).

4) Gabriel Sivan, The Bible and Civilization(New York: Quad-rangle/New York Times Book Company, 1974), 236. 온라인 Google Books에서 읽음.

5) 예를 들어, John Winthrop, "A Model of Christian Charity"를 보라. http://religiousfreedom.lib.virginia.edu/sacred/charity.html(2014년 7월 7일 접속).

| 09 |

6) Jonathan Cahn, The Harbinger(Lake Mary, FL: Frontline, 2011), 163.

| 14 |

7) Cahn, The Harbinger, 136.

| 17 |

8) Cahn, The Harbinger, 199-201

| 23 |

9) Mary Bruce, "'One Today': Full Text of Richard Blanco Inaugural Poem," ABC News, January 21, 2013, Http://abcnews.go.c./Politics/today-richard-blanco-poem-read-barack-obama-inauguration/story?id=18274653(2014년 7월 3일 접속).

10) 상동

에필로그
01

11) Judeo-Christian Reasearch, "The Babylonian Talmud, Sukkah," http://juchre.org/talmud/sukkah/sukkah2.htm을 보라(2014년 7월 15일 접속).

02

12) Edmund Allenby, God's Little Devotional Book for Students(N.p.: Honor Books, 2003), 281에서 인용됨. 온라인 Google Books에서 봄.

13) The Avalon Project, "Balfour Declaration 1917," Lillian Goldman Law Library, Yale Law School, http://avalon.law.yale.edu/20th_century/balfour.asp(2014년 7월 3일 접속).

14) Jewish Virtual Library, "The Six-Day War: The Liberation of the Temple Mount and Western Wall," http://www.jewishvirtuallibrary.org/jsource/History/1967lib.html(2014년 7월 3일 접속).

15) SixDayWar.org, "1967:Reunification of Jerusalem," http://www.sixdaywar.org/content/ReunificationJerusalem.asp(2014년 7월 3일 접속).

The Mystery of the Shemitah

by Jonathan Cahn

Copyright © 2014 by Jonathan Cahn

Originally published English under the title of
The Mystery of the Shemitah by Frontline

Charisma Media/Charisma House Book Group
600 Rinehart Road
Lake Mary, Florida 32746
www.charismahouse.com

Korean Translation Copyright © 2016 by Pure Nard
2F 16, Eonju-ro 69-gil Gangnam-gu, Seoul, KOREA

The Korean edition is published by arrangement with Frontline
All rights reserved.

본 저작물의 한국어판 저작권은 Frontline과의 독점 계약으로 '순전한 나드'가 소유입니다.
저작권자의 허락 없이 이 책의 일부 또는 전체를 무단 복제, 전재, 발췌하면 저작권법에 의해 처벌을 받습니다.

안식년의 비밀

초판 발행 | 2017년 3월 15일

지 은 이 | 조나단 칸
옮 긴 이 | 박병우

펴 낸 이 | 허철
편   집 | 김혜진
디 자 인 | S. E. M.
인 쇄 소 | 예원프린팅

펴 낸 곳 | 도서출판 순전한 나드
등록번호 | 제2010-000128
주   소 | 서울특별시 강남구 언주로69길 16, (역삼동) 2층
도서문의 | 02) 574-6702
편 집 실 | 02) 574-9702
팩   스 | 02) 574-9704
홈페이지 | www.purenard.co.kr

ISBN 978-89-6237-200-7 03230

(CIP제어번호 : 2017004877)
이 도서의 국립중앙도서관 출판예정도서목록(CIP)은 서지정보유통지원시스템 홈페이지(http://seoji.nl.go.kr)와 국가자료공동목록시스템(http://www.nl.go.kr/kolisnet)에서 이용하실 수 있습니다.